Hans Michel Schletterer

Praktischer Unterricht im Chorgesange

Für Volksschulen, höhere Lehranstalten und Gesangvereine

Hans Michel Schletterer

Praktischer Unterricht im Chorgesange
Für Volksschulen, höhere Lehranstalten und Gesangvereine

ISBN/EAN: 9783743483224

Hergestellt in Europa, USA, Kanada, Australien, Japan

Cover: Foto ©Thomas Meinert / pixelio.de

Manufactured and distributed by brebook publishing software (www.brebook.com)

Hans Michel Schletterer

Praktischer Unterricht im Chorgesange

Praktischer Unterricht im Chorgesange.

Für Volksschulen, höhere Lehranstalten und Gesangvereine.

Von

H. M. Schletterer,
Kapellmeister in Augsburg.

Op. 30.

Nördlingen.
Druck und Verlag der C. H. Beck'schen Buchhandlung.
1867.

Vorwort und Einleitung.

Möge man es nicht falsch deuten, wenn ich meiner in zahlreichen Auflagen verbreiteten "Praktischen Chorgesangschule", Zweibrücken b. J. Chr. Herbart, hier ein neues ähnliches Werkchen folgen lasse, ja entgegenstelle. Jene vor vielen Jahren geschriebene Schule ließ nicht nur in ihrer ganzen Einrichtung und Anwendung zuletzt sehr vieles zu wünschen übrig, es haben sich in dieselbe auch im Verlaufe der Zeit, da die Correkturen der neuen Ausgaben mir nicht mehr vorlagen, so massenhafte sinnstörende Druckfehler eingeschlichen, man hat eigenmächtig an dem Büchlein so viele Aenderungen und Zusätze gemacht, daß eine gründliche Umarbeitung und Neugestaltung desselben mir längst dringend geboten erschien. Leider hat die Verlagshandlung alle meine darauf bezüglichen Wünsche und Forderungen zurückgewiesen und so sah ich mich denn genöthigt, den Gegenstand vollständig neu zu bearbeiten und das ganze Unternehmen in andere Hände zu legen.

Das Bedürfniß in den Schulen — es ist hier keine Gattung derselben auszunehmen — einen gründlicheren Unterricht im Gesange zu geben, als es bisher vielfach geschah, ist noch immer vorhanden. Man ertheilt wohl überall und in allen Klassen Gesangunterricht, aber häufig erstreckt sich derselbe nicht weiter als auf das Auswendiglernen einiger Choral- und Volksmelodien und ist für die Schüler nichts anderes, als ein angenehmer, ziemlich gedankenloser Zeitvertreib. Ein strenger, ernst durchgeführter Lehrgang dieses wichtigen Gegenstandes wird nur in wenigen Schulen festgehalten. Es sollen hier nicht unnöthige Worte über die Wichtigkeit einer tüchtigen Gesangspflege, über das bildende, veredelnde Element, das im Gesange besonders für die Jugend liegt, über dessen erhebende Schönheit und anregende Wirkungen verloren werden. Jedermann hat den Eindruck eines guten und schönen Gesanges einmal im Leben an sich gefühlt, Jedermann weiß, was sich darüber sagen läßt, ja man darf ferner behaupten, Jedermann ist überzeugt, daß alles Gute, was man vom Gesange sagt, wahr und unbestreitbar ist. Dennoch wird dieser Unterrichtsgegenstand in vielen Schulen nur sehr nebenher, lässig, oberflächlich und mechanisch, durchaus nicht als Studium, betrieben, in anderen gar nicht. Alle Ziele unseres Lehrsystems gehen dahin, jedwede geistige Fähigkeit zu wecken und auszubilden, alle Menschen fähig zu machen, sich an den Segnungen einer fortschreitenden Bildung, eines gründlicheren Wissens, eines die Allgemeinheit veredelnden höheren Strebens betheiligen zu können. Man lehrt und betreibt nicht nur Lesen, Schreiben und Rechnen mit äußerster Gründlichkeit und Sorgfalt, man hat fast alle Zweige des Wissens und Könnens ins Auge gefaßt und sucht für sie sogar in den niedern Schulen schon den Boden vorzubereiten. Nur der Gesang geht als fünftes Rad am Wagen gewöhnlich nebenher. Es muß bleß doppelt auffallen, da gerade hier die Natur freigebiger ist als auf jedem andern Gebiete. Sie beschenkt fast jeden Menschen mit einer Stimme. Allerdings ist nicht eine gut und schön wie die andere, aber auch unter dem Vogelchor gibt es nur eine Nachtigall und unter den Blumen nur eine Rose. Sollen und dürfen wir deshalb die übrigen Sänger des Waldes, die bescheidenen Blumen des Feldes verachten oder geringschätzen? Mit der Stimme aber hat die Natur dem Menschen eine Quelle des reinsten Glückes, des edelsten Genusses, des bildendsten Elementes gegeben. Wem ist es zuzuschreiben, wenn er der Segnungen, die für ihn im Gesange liegen, nicht theilhaftig wird? Allerdings wird man entgegnen, daß Lesen, Schreiben und Rechnen, daß das Studium der klassischen Sprachen, der Literatur, der Naturwissenschaften, der Mechanik wichtiger sind als die brodlose Kunst des Singens. Aber das ist eben der Jammer, daß es immer noch Schulmänner und Schulvorstände gibt, die mit solcher Verachtung auf den Gesang herabschauen, die an sich selbst nie die Segnungen desselben erfahren haben, die, verkörperte Grammatiken und erstarrte Rechenexempel, nicht im Stande sind, dasjenige zu begreifen, was man unter Gemüth versteht und daß es eben so wichtig ist, diesem Theile unseres geistigen Seyns jedes Bildungsmittel zu verschaffen, wie dem Verstande.*)

Es soll dem Gesange durchaus kein Uebergewicht über andere Lehrgegenstände eingeräumt werden, aber organisch soll er sich dem Unterrichtsplane einfügen. Er soll nicht über Gebühr bevorzugt sein, aber er muß so betrieben werden, daß jeder Schüler, wenn er aus der Schule austritt wie er das Lesen, Schreiben und Rechnen sich angeeignet, auch Singen gelernt hat. Es sollen für den Gesang nicht die gleiche Anzahl der Unterrichtsstunden wie für andere Lehrgegenstände beansprucht werden, aber in jeder Schule müssen sich wöchentlich zwei halbe oder zwei ganze Stunden dafür finden lassen. Es sei wiederholt und nachdrücklich betont in jeder Schule, denn der Gesang soll nicht bloß in gesonderten Gesangschulen betrieben werden (am allerwenigsten in den Volksschulen), jeder Lehrer muß ihn besonders in seiner Klasse lehren.

Der Gesangunterricht zerfällt in zwei Theile. Der erste Theil umfaßt das Singen nach Noten oder wie man gewöhnlich kurzweg sagt: das Treffen, die Uebung von Auge und Ohr; der zweite Theil das schöne Singen, die Bildung des Tones, der Aussprache, des Geschmackes. Beides, Treffen und schön und gut Singen, kann nicht gesondert betrieben werden, von Anfang an hat der Lehrer die verschiedenen Gesichtspunkte vereint ins Auge zu fassen. Zum Treffen gehört Kenntniß der Noten, der Intervalle, der rhythmischen und dynamischen Zeichen, kurz Alles, was zum Mechanismus des Gesanges zählt. Man wird hier vielfach entgegnen, daß es bei der ohnehin so sehr beschränkten Schulzeit nie möglich ist, die Schüler dahin zu bringen, nach Noten singen zu lernen. Dem muß jedoch entschieden widersprochen werden. Wenn der Lehrer will, wird er dies erreichen, was er sich als Ziel vorgesetzt hat. Unsere Volksschüler besuchen die Schule 7 Jahre hindurch. Angenommen, der Gesangunterricht nach Noten beginnt im dritten Schuljahre, da in den beiden ersten Klassen in der Regel die meisten Schüler erst zum fertigen Lesen gebracht werden können. In den ersten drei Semestern (1½ Jahren) zu 60 Wochen angenommen können dem Gesangunterricht 120 halbe oder im günstigeren Falle 120 ganze Stunden gewidmet werden. Während dieser drei Semester möge die erste Stufe der vorliegenden Schule geübt werden. Sie enthält 32 Uebungen und 13 Liederchen. Der Schüler liest zuerst die Notennamen jeder Uebung, dann singt er sie auf diese Namen, dann erst tritt der Text hinzu. Alles dieses soll ohne Hilfe eines Instrumentes geschehen. Erst wenn die Uebung verstanden ist und gelesen werden kann, darf zur Gewinnung einer ganz reinen Intonation ein Instrument benützt werden. Die Uebungen sind nicht auswendig zu lernen, damit die Sache nicht in ein gedankenloses Treiben ausartet. Man lasse, um an Uebungsstoff zu gewinnen, die Uebungen vor- und rückwärts singen und suche ähnliche Uebungen selbst zu erfinden und von der Tafel absingen zu lassen.

Für die drei folgenden Semester (ebenfalls 60 Wochen) ist die zweite Stufe bestimmt. Sie enthält nur 22 Uebungen und 14 Lieder, aber hier ist nun das zweistimmige Singen zu cultiviren. Jede Stimme bildet zunächst für sich, die von allen Schülern gleichzeitig zu machen ist. Das Zusammensingen erfolgt erst dann, wenn jede einzelne Stimme vollständig durchgeübt ist. Man gehe nicht früher von einer Uebung zur andern, ehe die vorhergehende vollständig verstanden und fehlerlos ausgeführt wird. Um sich zu überzeugen, lasse man einzelne Reihen oder auch einzelne Schüler allein singen. Man braucht hier wohl nicht weiter darauf hinzuweisen, wie nöthig und fördernd eine fleißige und regelmäßige Wiederholung des Gelernten und Geübten ist.

Für die dritte Stufe sind nun noch 4 Semester übrig. Diese Stufe ist die schwierigste, aber in 80 Wochen läßt sich viel thun und zudem werden ja bekanntlich die Klassen je höher sie hinaufrücken immer schwächer besucht. Es ist also der Möglichkeit gegeben, feinere Unterschiede ins Auge zu fassen.

Zum Mechanismus des Gesanges gehört nun ferner noch die Stellung, das Athmen und die Mundöffnung. Während des Singens hat der Schüler immer zu stehen; man sehe darauf, daß die Haltung eine ruhige und gerade ist und daß das Gewicht des Körpers gleichmäßig auf beiden Füßen lastet. Die Arme mögen bei den Uebungen, die auswendig gesungen werden, über dem Rücken gekreuzt werden, die Brust ist frei vorzudrücken, die Schultern etwas zurückzuziehen, der Kopf so in die Höhe zu halten, daß der letzte Knochen der Rückenwirbelsäule nicht hervorsteht. Es darf der Kehlkopf weder durch eine vorhängende Kopfhaltung gedrückt, noch durch eine allzusehr zurückgeworfene angespannt werden.

Die größte Schwierigkeit für den Sänger ist das Athmen. Das sogenannte Kunstathmen des Gesanges ist durchaus verschieden von dem gewöhnlichen Athmen. Hier athmet man rasch ein und aus und läßt alsbann die Lunge etwas ruhen; dort gilt es, den Athem

---

*) Es sei hier auf ein sehr lesenswerthes Schriftchen hingewiesen: Th. Drath, der Gesanglehrer und seine Methode. Berlin 1865.

— V —

möglichst lange zu halten. Man kann wohl einige Secunden nach vollbrachter Thätigkeit des Athmens sprechen, aber man kann ohne einen Fond von Athem keinen Gesangston bilden. Wo man es trotzdem thut, wo man das letzte Restchen von Luft aus den Lungen preßt, wird man der Gesundheit empfindlich schaden. Von der Thätigkeit des Athmens soll man äußerlich nichts merken. Jede heftige Bewegung, jedes sichtbare Auftreiben der Brust, jedes Einziehen oder Emporziehen der Schultern, jedes heftige hörbare Einathmen ist fehlerhaft und letzteres erzeugt Trockenheit und Steife im Hals, reizt zum Husten und bringt unausbleiblich baldige Heiserkeit hervor. Ein fortgesetztes allzutiefes Athmen ermüdet die Lungen ebensosehr als ein allzukurzes und häufiges. Beim richtigen Athmen zieht man den Unterleib ruhig ein und bringt die Luft aus demselben in die Seiten des Körpers, in die Rippen. In dem Augenblicke, wo man fühlt, daß die Luft dieselben auseinander gedehnt hat, setzt man den Ton an und läßt ihn nun langsam ausströmen. Allmälig verengert sich der Körper an der Brust wieder und der Unterleib beginnt seine normale Lage anzunehmen. Sobald diese erreicht ist, muß der Athemzug ebenso wiederholt werden. Das Einathmen der Luft durch den Hals ist beim Gesangsathem Nebensache und darf kaum bemerkt werden; Hauptsache ist es, die Luft aus dem Unterleib richtig nach den Seiten der Brust zu leiten.

Das Singen darf den Schüler nie anstrengen. Wenn richtig geathmet wird und wenn man es nicht über Gebühr ausdehnt, ist dies auch nie der Fall. Im Gegentheil wird der Körper und die Gesundheit gekräftigt, wenn man gut athmen lernt und sich gewöhnt, richtig zu athmen. Aber theils fehlt es hierfür vielen Lehrern an dem nöthigen Verständniß, theils ist gerade dies der Punkt, über den die Schüler am schwersten hinwegkommen, den sie mit einer Gleichgültigkeit und Unaufmerksamkeit behandeln, die den einsichtsvollen Lehrer zur Verzweiflung bringen können.

Der Athem wird in der Regel vor einem leichten Takttheil, meist vor der letzten Note eines Taktes genommen und überhaupt darauf gehalten, daß durch unzeitiges Athmen nicht die musikalische Phrase oder im Texte Worte und Sätze zerrissen und dadurch unverständlich gemacht werden.

Die Zunge ist glatt und ruhig in den Mund zu legen. Ihre Spitze darf die Fühlung mit den Vorderzähnen des Unterkiefers nie verlieren, ebenso müssen ihre beiden Seiten leise die Backenzähne berühren. Die Zähne sind weit genug zu öffnen, um den Ton frei ausströmen zu lassen. Gewöhnlich nimmt man an, daß die Zähne so weit getrennt sein sollen, daß der kleine Finger ungehindert dazwischen durchgeschoben werden kann. Die Lippen sollen von den Zähnen etwas abstehen, so daß sie gleichsam eine wenig verlängerte Röhre für den Ton bilden; man soll, mit andern Worten, einen Fischmund machen. Die Lippen sind gut und richtig geöffnet, wenn sie weder an die Zähne hart angedrückt, noch allzuweit vorgestreckt werden. Die Zähne sollen nicht völlig entblößt werden, doch soll man, wenn man einem Sänger in den Mund sieht, die obere und untere Zahnreihe hinter den Lippen leicht hervorstehen sehen.*) Man halte auch darauf, daß das Gesicht überhaupt nicht verzerrt und entstellt und die untere Kinnlade nicht seitwärts bewegt werde; die Stirne muß faltenlos und frei sein, und der Gesichtsausdruck soll ein ruhiger und freundlicher bleiben.

Der Tonstrahl ist so zu leiten, daß er an der harten Wand des Oberkiefers, unmittelbar über den Zähnen anprallt. Jede Veränderung in der Lage der Zunge und der Haltung der Lippen gibt dem Tone einen andern Charakter und macht leicht aus einem gesunden, guten Ton einen schlechten und musikalisch unbrauchbaren. Besonders ist das Zurückziehen der Zunge, so daß sie wie ein Knäuel vor dem Kehlkopfe liegt, zu vermeiden und der Lehrer hat unablässig darauf zu achten, daß hier einer üblen Angewohnheit vorgebeugt wird, da die meisten Kinder und alle Natursänger geneigt sind, in diesen Fehler zuerst zu verfallen. Sobald die Luft durch die zusammengeballte Zunge am freien Ausströmen verhindert wird, nimmt sie eine falsche Richtung; der Tonstrahl schlägt im Gaumen an, den nun gebrochenen Ton wird klanglos und dumpf, die Stimmorgane bald ermüdet und angegriffen. Nicht minder häßlich und schädlich als dieser Gaumenton ist der Kehlton, der entsteht, wenn man den Ton bei herabgeneigtem Kinn gewaltsam herauspreßt, den Kehlkopf dabei herabzwängt und die innere Mundhöhle und den Schlund durch das Zurückziehen der Zunge gewaltsam verengt. Eben so unausstehlich ist der Nasenton, welcher sich bildet, wenn man nicht den vollen Luftstrahl durch den Mund, sondern theilweise durch die Nase entströmen läßt.

Ein guter Gesangston soll leicht ansprechen, klar und hell sein und auf den Lippen liegen. Der Sänger muß das Gefühl desselben an der Spitze der Zunge, an den Zähnen, auf den Lippen haben, nie im Halse. Dem Hörer muß der Ton mit solcher Bestimmtheit ent-

---

*) Man übe die Worte: da, doch, du, indem man sie hell und klangvoll sprechen läßt und merke dabei auf die Haltung der Lippen.

gegen treten, daß er in Versuchung kommen kann, ihn wie eine Blume an den Lippen des Sängers abzupflücken. Man trachte nicht nach einem starken, sondern nur nach einem hellen, klaren, freien Ton. Jedes Pressen und Forciren, Gurgeln und Schreien ist der Stimme wie dem Tone höchst nachtheilig. Nur allmälig und durch fortgesetzte Uebung vermag der Ton an Kraft und innerer Fülle zu gewinnen.

Beim Singen aus einem Buche muß der Ton über dasselbe weggehen, ebensowenig darf man dem Vorstehenden unmittelbar auf den Rücken singen; noch mehr aber ist das Herabhängen des Kopfes zu tadeln. Jeder Schüler soll womöglich sein eigenes Buch haben; nie dürfen mehr als zwei zusammensingen.

Jeder Lehrer, der Kinder von den ersten Schuljahren an unterrichtet hat, wird die Bemerkung gemacht haben, daß überraschend viele schöne und helle Stimmchen in diesem Alter sich vorfinden, daß diese lieblichen Stimmen aber mehr und mehr abnehmen, je älter die Kinder werden. Im elften und zwölften Jahre, in welcher Zeit die Mutation noch lange nicht beginnt, sind die meisten Stimmen schon klanglos, heiser, trüb und rauh geworden. Woher mag das kommen? Oft habe ich bei mir überlegt, ob es nicht besser sei vor dem 17. oder 18. Jahre gar nicht singen zu lassen, aber die Erfahrung lehrt, daß die Stimmwerkzeuge, die in der Jugend nicht geübt werden, allmälig verknorpeln, daß der Sinn, der in der Jugend nicht geweckt wird, sich später nicht mehr einstellt, daß das musikalische Gehör, das so lange ohne Uebung geblieben ist, später nur äußerst schwer empfänglich und bildsam zu machen ist. Man kann also nicht daran denken, den Gesangunterricht der Jugend fallen zu lassen. Treten wir nun in eine Schule und wir werden finden, daß bei einem Theile der Schüler der Gesang ein Grunzen, Summen und Brummen, bei dem andern ein wüstes Zetergeschrei ist. Das eine erscheint so abscheulich und gefährlich als das andere; das erstere entwickelt die Stimme nicht, das andere verbirbt sie und richtet sie rettungslos zu Grunde. Eine ausgeschriene Stimme ist auf immer ruinirt, ist nicht mehr herzustellen, und doch geht das ganze Streben so vieler Gesanglehrer nur dahin, ihre Schüler recht stark und laut singen zu machen.

Für Schulen wird es zunächst nöthig sein, die Uebungen auf ein bescheidenes Maaß im Umfang zurückzuführen, die allzuhohen, wie die allzutiefen Töne, ebenso wie alles Anstrengende zu vermeiden. Der Lehrer, der es versteht, den Kindern das Falsett beizubringen und dasselbe vom an regelmäßig verwenden läßt, wird die ihm anvertrauten Stimmen am besten conserviren. Die Uebungen der vorliegenden Schule bewegen sich alle im Umfange des Mezzosoprans (zwischen a und f̄) und sind aus diesem Grunde durchweg auch nur zweistimmig gesetzt. Wo auch die Erreichung dieser Töne nicht gut möglich ist, da transponire man lieber die betreffenden Uebungen, oder unterlasse es, die mehrstimmigen mehrstimmig zu singen. **Nie strenge man die Stimmen an.**

Jede Uebungsstunde beginne man mit der Uebung der Tonleiter. Allmälig lassen sich oben und unten vorsichtig einzelne Töne ansetzen, dieselben sind aber anfangs immer schwach zu nehmen. Mit unbeugsamer Strenge halte man darauf, daß rein intonirt werde.

Nächst dem musikalisch brauchbaren Gesangtone ist die Aussprache das Wichtigste. Eine volle, schöne Sprache ist schon eine Art natürlichen Gesanges. Wer sich gewöhnt, laut und deutlich zu sprechen, hat dem Gesange schon die Hälfte seiner Schwierigkeiten abgewonnen, wer sich bemüht, die Vocale voll und klar zu betonen, eignet sich schon die Grundlagen eines guten Gesanges zum Voraus an. Man lasse jeden Text langsam und deutlich lesen, halte strenge auf die Beachtung des b und t, b und p, f und v, n und nn, e, ä und ö, i und ü und auf die volle Aussprache der Endsilben und Endbuchstaben. Jeder Vocal ist in Verbindung mit einem Consonanten zu üben, der Ton entwickelt sich am besten in scharfgesprochenen Silben z. B. lü, to, tu, ta, wie die hohen Töne leise mit m oder n (mo, na) zu üben sind. Die Vocale e und i müssen ebenfalls klangvoll sein, die Zähne dürfen bei ihnen nicht zu sehr geschlossen, die Zunge darf nicht zu sehr aufgebläht werden. Der Vocal a, als der schwierigste, ist zuletzt zu üben.

Ueberblickt man diese Masse von Regeln, so wird man bald einsehen, daß der Gesang keine so gar leichte Sache ist. Und in der That ist er durch und durch ein Werk der Kunst, und seine sehr schwierige Erlernung muß eben so ernst als gründlich betrieben werden und erfordert besonders von Seite des Lehrers eine eben so große Liebe zum Gegenstande, als eine tüchtige musikalische Vorbildung und Kenntniß des geheimnißvollsten Organs des menschlichen Körpers: der Stimme. Da es nie die Absicht einer Schule sein kann, Solosänger zu bilden, so hat man sich im Vorstehenden nur auf die Angabe der einfachsten und nöthigsten Regeln beschränkt. Die Lehre von den Registern und der Stimmbildung im engern Sinne mußte also hier ausgeschlossen werden.

Nicht aber kann es dem Schüler erspart bleiben, sich mit der Grundlage der Harmonielehre bekannt zu machen, auf die das ganze Gebäude dieses Lehrganges gegründet ist. Die Gesangsübung und Lehre wird nur dann befriedigende Resultate liefern, wenn der Schüler die

Intervallen- und Accordverhältnisse sich klar gemacht hat. Man rechne daher beim Unterricht weniger auf musikalisches Talent, leichte Fassungsgabe und gutes Gehör, als auf verständiges Erkennen, Durchdenken und Ergründen des Gegenstandes. Deshalb soll auch jede Uebung, bevor man sie singen läßt, nach allen Richtungen hin durchgesprochen werden, so daß endlich das Auge die Noten betrachten und verstehen lernt, wie die Buchstaben des Lesebuches. Anders dürfte selbstverständlich der Gesangunterricht in den beiden ersten, d. h. Anfangsklassen der deutschen Schulen zu betreiben sein; denn hier kann nur das Ohr geübt werden. Da diesem die accordlichen Verhältnisse die faßlichsten sind, so wäre in den nach dem Gehöre zu singenden Uebungen aus dem Accord allmälig die Tonleiter zu entwickeln. Der Lehrgang müßte also ein umgekehrter sein, als der des vorliegenden Werkchens.

Soll zum Schlusse noch davon geredet werden, wie wünschenswerth, wie wichtig, wie gut es wäre, wenn der Gesang ein Gemeingut würde, welche Fülle des edelsten Genusses, der erhebendsten Freuden, der angenehmsten Beschäftigung dadurch jeder Klasse der bürgerlichen Gesellschaft erschlossen werden könnte? Diejenigen bemitleidenswerthen Menschen, die nie eine Wirkung der Kunst an sich empfunden haben, die dafür abgestorben und abgestumpft sind, werden durch Worte nicht zu überzeugen sein, die andern, die in den Künsten die von der Vorsehung dem Sterblichen gegebenen Vermittlerinnen zwischen Irdischem und Göttlichem längst erkannt haben, bedürfen weiterer Auseinandersetzungen nicht. Nur so viel sei noch bemerkt: den heutigen musikalischen Anforderungen, wie einem ernsten Kunststreben überhaupt ist mit bloßen Stimmen, mit musikalischem Gehöre und einer oberflächlichen Lust zur Sache allein nicht gedient. Wenn sich mit diesen nothwendigen Vorbedingungen nicht Fertigkeiten, Kenntnisse und eine gründliche Vorbildung vereinigen, bleiben sie werth- und nutzlos. Letztere aber müssen in der Schule erworben werden, wenigstens soll jeder Schüler aus ihr eine Grundlage solchen musikalischen Wissens und Könnens mit hinwegnehmen, daß er befähigt ist, in einem Gesangvereine, und nicht bloß in einem solchen, der allein gemüthlicher und geselliger Unterhaltung gewidmet ist, sondern in einem solchen, der sich ernstes Studium zur Aufgabe macht, einzutreten und das Erworbene hier zu befestigen und weiter zu entwickeln. Sollen unsere musikalischen Verhältnisse gedeihen und der rechten Blüthe entgegenreifen, so brauchen wir solche geschulte und gebildete Sänger, die mehr können und verstehen als ein Liedchen auswendig zu lernen und es mechanisch nachzusingen. Nur wenn die Schule das nöthige Material an Gesangskräften endlich liefert, wird es möglich sein, die Segnungen der Kunst allgemein und das ganze, große Publikum mit den köstlichen und unübertroffenen Schöpfungen unserer Meister bekannt zu machen. Wie ungenügend es mit der Gesangsfertigkeit im Allgemeinen besonders bei uns in Süddeutschland bis jetzt noch bestellt ist, dürfte der Umstand beweisen, daß kaum sechs Gesangvereine zu finden sein mögen, die im Stande sind z. B. die Passionsmusiken J. S. Bachs zu singen, Werke, die jeder Deutsche, der auf Bildung Anspruch macht, kennen sollte, wie er die populären Gedichte von Goethe und Schiller kennt.

Für solche Anstalten, die neben der vorliegenden Schule noch andern Uebungsstoff benützen können, sei auf einige empfehlenswerthe Werke hier noch hingewiesen:

1) Für die ersten Klassen: 100 Schullieder von Hoffmann v. Fallersleben. Mit bekannten Volksweisen versehen und herausgegeben von L. Erk. Leipzig bei W. Engelmann. — Die 4 Jahreszeiten. Vier Kinder-Gesangsfeste von Hoffmann v. Fallersleben. Berlin b. Enslin.

2) Für die höheren Klassen: Die kirchlichen Festzeiten in der Schule. 3stimmige Chorgesänge von H. M. Schletterer. Augsb. b. J. A. Schlosser. — Gesang-Uebungen. 1. Intonation und Aussprache in Form von frommen Liedern für eine Singstimme mit Begleitung des Pianoforte von W. Eckardt. Breslau bei J. Hainauer. — 50 2stimmige Chor-Solfeggien von A. Bertalotti. Neue Aufl. von J. Stern. Leipzig bei Peters. Part. und Stimmen.

H. M. Schletterer, Kapellmeister.

Praktische Chorgesangschule.

Erste Stufe.

„Zu einem guten Gesang gehört: eine gute Tonbildung, ein richtiges Athmen und eine deutliche Aussprache."

Jede Erschütterung der Luft wirkt auf unser Ohr, aber nicht Alles, was wir durch das Gehör unterscheiden können, ist Ton. Um Töne hervorbringen zu können, muß ein elastischer Körper in regelmäßige Bewegung gesetzt werden. Der auf diese Weise erzeugte Klang wird erst, wenn er nach Höhe und Tiefe zu bestimmen, abzumessen, zu vergleichen ist, zum Tone. Die Kunst, durch Töne und Tonverbindungen auf das Gemüth zu wirken und darin entsprechende Empfindungen hervorzurufen, heißt Tonkunst oder Musik. Man unterscheidet, je nachdem durch die menschliche Stimme oder Instrumente die Töne gebildet werden, zwischen Vocal- und Instrumentalmusik. Zur bildlichen, sichtbaren Darstellung der Töne bedient man sich der Notenschrift. Man schreibt die Noten auf, zwischen, unter und über fünf gleichlaufende, von unten nach oben gezählte Linien, den Notenplan. Um die Stelle einer gewissen Note, von der aus die übrigen zu bestimmen sind, fixiren zu können, gebraucht man besondere Zeichen, welche Schlüssel heißen. Für unsere Zwecke genügt der auf der zweiten Linie stehende Violinschlüssel, der, weil er die Linie bezeichnet, auf der die Note g steht, auch G-Schlüssel genannt wird.

Notenplan.

Schlüssel.   Linien.   Zwischenräume.

Die Note verändert ihre Stellung im Notenplan, um den Unterschied der Höhe und Tiefe, den Tonwerth, anzugeben; sie verändert aber auch ihre Gestalt, um Länge und Kürze, den Notenwerth, zu bezeichnen. Die in den nachfolgenden Uebungen zuerst gebrauchte Note heißt Viertelsnote. Alle folgenden Uebungen haben zunächst den Zweck, im Notenlesen zu üben. Man bemühe sich vom ersten Anfang an, Auge und Ohr (Lesen und Hören) gleichmäßig zu beschäftigen und auszubilden.

Mehrere Noten auf derselben Stelle stehend (Primen) haben immer genau die gleiche Tonhöhe. Der Unterschied (Zwischenraum, Abstand) zwischen zwei Tönen in Rücksicht auf ihre Höhe und Tiefe heißt **Intervall**. Das kleinste Intervall (1—2) ist das der **Secunde**. Mit diesem Worte bezeichnet man die Entfernung von einer Tonstufe zur nächsthöhern oder nächsttiefern.

g ist immer wie k (z. B. im Worte geben), jedoch ohne harten Ansatz, sol la getrennt (nicht sola) zu sprechen.

Man macht eine längere Tonreihe übersichtlicher, indem man sie durch senkrecht gezogene Striche in kleinere Theile theilt. Einen solchen Theil heißt man Takt, die Striche Taktstriche. Die Anzahl der Noten in jedem Takte wird durch das Taktzeichen bestimmt.

Für jede Notenlänge gibt es ein entsprechendes Schweigezeichen: die **Pause**.

Beim Notenlesen ist zunächst dreierlei zu beachten: der Name und Werth der Noten und das Intervallenverhältniß des folgenden zum vorhergehenden Tone.

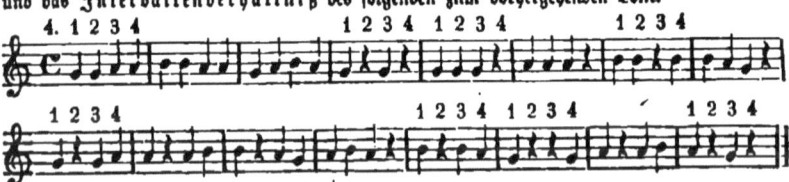

Die schönste Zierde des Gesanges besteht, neben vollkommener Reinheit der Töne, in einer klaren und deutlichen Aussprache. Die Verbindung von Wort und Ton macht den Gesang zur vollendetsten musikalischen Leistung. Man übe zunächst die Vocale und zwar in der Reihenfolge o e i u a, jedoch nie allein, sondern immer in Verbindung mit einem Consonanten z. B. bo, me, ki, tu, ra. Beginnt ein Wort mit einem Vocale, so ist dasselbe stets mit dem vorhergehenden Worte in Verbindung zu bringen.

z. B. Es geht durch alle Lande ein Engel still umher,
Kein Auge kann ihn sehen, doch alles siehet er.

Uebung für die Aussprache.

Jede Silbe ist bis zum letzten Buchstaben scharf und deutlich auszusprechen.

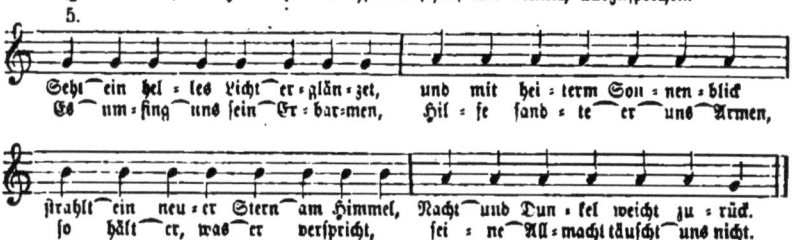

Zur Uebung und Ausbildung der Aussprache mögen hauptsächlich folgende Worte dienen. Man übe sie dem Gehör nach auf allen Tonstufen allmälig durch den ganzen Umfang der Stimme.

Man athmet bei den Pausen, den Interpunktionszeichen und den durch † bezeichneten Stellen.

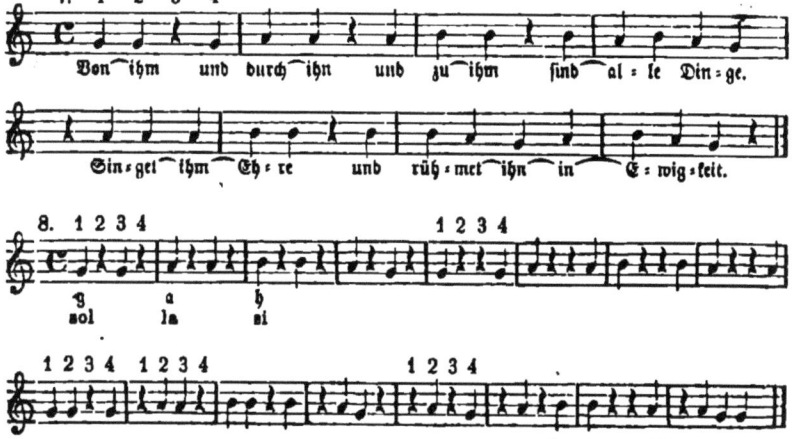

16.

17.

Frem=ber Trost ist gut, bef=fer eig=ner Muth. Frem=ber Trost, frem=ber Trost ist gut, bef=fer, bef=fer eig = ner Muth.

Halbe Note.   Halbe Pause.
1. 2.   1. 2.   (b   c)
                       (re   do)

18.

Die stufenweise Folge von acht Tönen auf= oder abwärts heißt Tonleiter (Scala. Gamme).

19.

c b e f g a h c, c h a g f e b c
do re mi fa sol la si do, do si la sol fa mi re do

Bei der Uebung der Tonleiter ist besonders darauf zu achten, daß die Intervalle von der 3. zur 4. und 7. zur 8. Stufe ganz rein gesungen werden.

Ein Bogen, über zwei oder mehrere Noten verschiedener Tonhöhe gezogen, heißt Schleifbogen. Er zeigt an, daß mehrere Töne auf eine Silbe zu singen sind. Die Verbindung zweier Töne ist so herzustellen, daß ohne merkbare, heftige Rückung des Kehlkopfes, ohne Bruch oder Einschiebung eines fremden Lautes, gleich= viel ob das zu verbindende Intervall größer oder kleiner, der zweite Ton an den ersten sanft hinzuziehen ist. Es muß gleichsam zwischen den zu schleifenden Stufen eine feine Linie gezogen werden. Der verbindende Ton wird ganz leise genommen und darf nicht auffällig oder heulend hervortreten.

Der erste Ton stark, die folgenden Töne schwach und immer leicht abgesetzt.

— 7 —

Die Entfernung von der ersten zur dritten Tonstufe auf- oder abwärts heißt Terz (1—3).*)

24. Die mit > bezeichneten Noten müssen hervortretend betont werden.

25.

Tonleiterübungen in Terzen nach dem Gehör auf- und abwärts.

a.   b.
1. c b c c u. s. w.   c e c u. s. w.
2. bo   ma

c.   d.
   u. s. w.

Die Entfernung von der ersten zur achten Stufe heißt Octave (1—8).

26.

27.

Je - des Wort ist eh - ren - werth, eh - ren - werth, was da Recht und Wahr-heit lehrt, Recht und Wahr-heit lehrt. H. v. F.

*) Auswendig zu lernen: c e, b f, e g, f a, g h, a c, h b | c a, h g u. s. w. Oder: c e g h b f a c | c a f u. s. f.

Praktische Chorgesangschule.
Zweite Stufe.

Das Taktzeichen bestimmt die Anzahl der Takttheile eines jeden Taktes. Nicht alle Takttheile erhalten gleiche Betonung. Einzelnen wird ein stärkerer Ton, sie heißen schwere oder gute Takttheile, andere treten minder hervor, man nennt sie leichte oder schlechte. Die richtige, sichere Betonung der Takttheile erzeugt den Rhythmus und je nach ihrer Stellung im Takte muß bei jeder Note neben dem Ton= und Zeitwerth fortan auch der rhythmische Werth berücksichtigt werden. In allen Taktarten ist der erste Takttheil ein schwerer. In den zweitheiligen und den aus ihnen zusammengesetzten viertheiligen Takten wechselt stets ein schwerer mit einem leichten Takttheil ab. In den dreitheiligen Takten folgen auf einen schweren immer zwei leichte Takttheile.

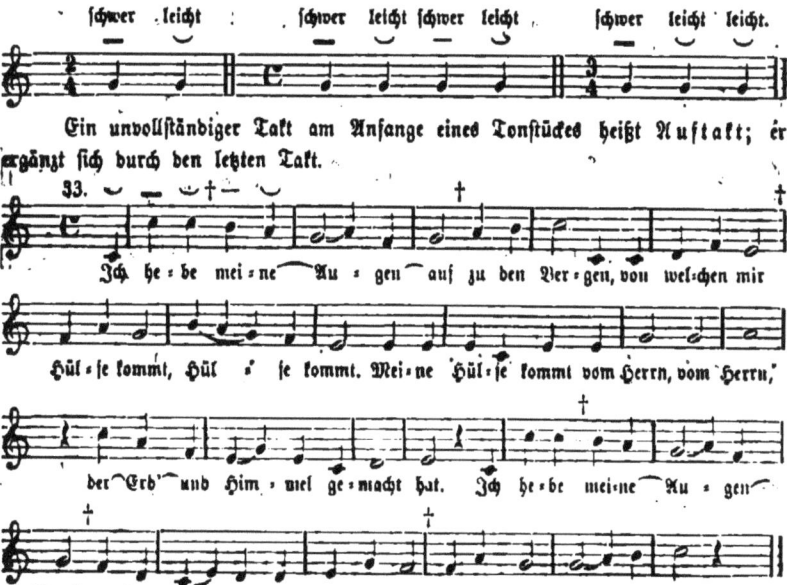

Ein unvollständiger Takt am Anfange eines Tonstückes heißt Auftakt; er ergänzt sich durch den letzten Takt.

33. Ich he-be mei-ne Au-gen auf zu den Ber-gen, von wel-chen mir Hül-fe kommt, Hül-fe kommt. Mei-ne Hül-fe kommt vom Herrn, vom Herrn, der Erb' und Him-mel ge-macht hat. Ich he-be mei-ne Au-gen auf zu den Ber-gen, von wel-chen mir Hül-fe kommt, Hül-fe kommt.

Die Entfernung von der ersten zur vierten Tonstufe auf= oder abwärts heißt Quarte (1—4).*)

Ein Punkt hinter einer Note verlängert den Werth (die Dauer) derselben um die Hälfte. Eine halbe Note mit einem Punkte gilt demnach drei Viertel.

*) Auswendig zu lernen: c f, b-g, ♮ a, ♭ b, a d, q b, ♮ c ♭, ♮ a, ♯ g u. f. w.
Oder: c f ♯ a b g ♭ c g ♮ u. f. w.

Vorübungen im mehrstimmigen Singen (nach dem Gehöre).
Zuerst sehr langsam und nur allmälig schneller. — Die aufwärts gestielten Noten sind die der ersten, die abwärts gestielten die der zweiten Stimme.

Die Entfernung von der ersten zur fünften Tonstufe heißt Quinte (1—5).*)

40.

Ein Bogen über zwei Noten gleicher Tonhöhe heißt Bindebogen (Bindung, Ligatur). Er verbindet beide Noten zu einer einzigen.

41.

Quintenübungen nach dem Gehör auf- und abwärts.

---

*) Auswendig zu lernen: c g, b a, e h, f c, g b, a e, h f ‖ h, e a, b g u. s. f.
Oder: c g b a e h f c ‖ c f h e u. s. w.

Uebungen um die Stimme biegsam und geläufig zu machen. Die Figuren sind, so lange sie auf einen kleinen Umfang beschränkt bleiben, mit ruhig stehendem Kehlkopfe zu machen und auch bei den ausgedehnteren ist jede heftige Bewegung desselben zu vermeiden.

Die Entfernung vom ersten zum sechsten Tone heißt Sexte (1—6).*)

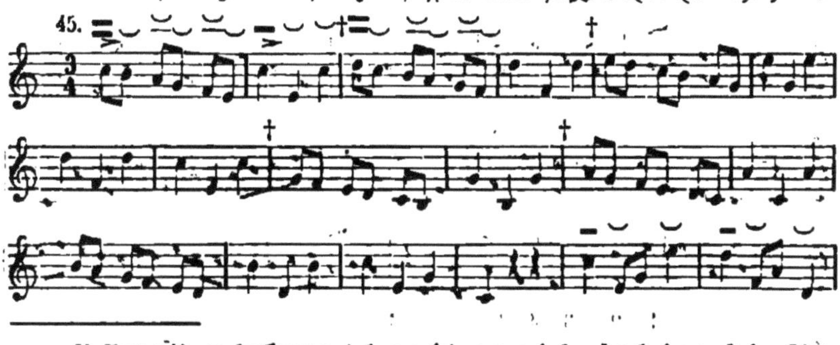

---

*) Auswendig zu lernen: a, b h, c f h, g a c a. f, b g a d, f a u. f. f. Oder: c a f b h g c f c e g u. s. w.

Eine Note, die mit einem leichten Takttheil beginnt und in einen schweren fortgehalten (wie in Nr. 46) oder durch den Taktschlag getheilt wird (wie in Nr. 47) heißt Syncope. Die Syncope, welche die natürliche rhythmische Ordnung des Taktes verrückt und die leichten Takttheile zur hervortretenden Geltung bringt, muß immer scharf betont werden. Die Betonung wird auffallender, wenn man die vorhergehende Note etwas kürzt, so daß vor der Syncope eine kurze Pause entsteht.

— 17 —

Der 3/8 Takt.

49. [musical notation] hat uns viel Gutes ge-than
Gott hat uns viel Gu-tes ge-than, viel Gu-tes ge-than und vom
und vom Him-mel † Re-gen und fruchtba-re Zeiten † ge-ge-ben † und uns-re
Him-mel † Re-gen und frucht-ba-re Zei-ten † ge-ge-ben
Her-zen, uns-re Her-zen
und uns-re Her-zen † er-fül-let mit Spei-se † und Freu-de.

Die Entfernung von der ersten zur siebenten Stufe heißt Septime (1—7).

Der 6/8 Takt.
50. [musical notation]

Sechzehntelnoten. Sechzehntelpause.
1 2 3

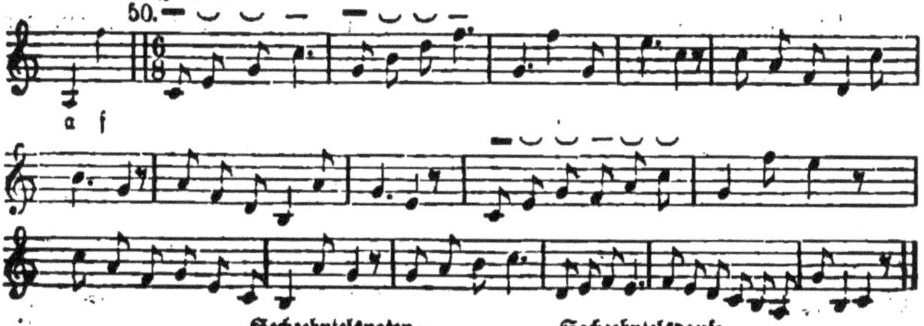

Um die Sechzehntel leichter lesen zu lernen, gewöhne man sich, immer eine ganze Notengruppe auf einmal zu überschauen. In der Regel kommen die Sechzehntel nicht einzeln, sondern in Gruppen von vier Noten vor. Dadurch nun, daß man die äußere Gestalt dieser ins Auge faßt, wird es trotz der raschen Bewegung möglich, die Noten, die Intervalle, die Richtung jeder Figur sich unschwer zum Bewußtsein zu bringen. Die erste Note jeder Gruppe erhält immer eine etwas stärkere Betonung.

51. [musical notation]
la   la
  †

Praktische Chorgesangschule.
Dritte Stufe.

Nicht alle Intervalle der Tonleiter sind von gleicher Größe. Der Abstand von der 3. zur 4. und 7. zur 8. Stufe ist kleiner als der der übrigen Stufen. Zwischen jenen lassen sich musikalisch brauchbare Töne nicht mehr bilden, während zwischen der 1. und 2., 2. und 3., 4. und 5., 5. und 6, 6. und 7. Stufe noch verwendbare Töne liegen. Diese größeren Entfernungen nennt man Ganztöne oder große Secunden, jene geringeren kleine Secunden.

Eine Tonleiter, in der sich, wie vorstehend angegeben, die kleinen Secunden auf der 3. und 7. Stufe finden, nennt man diatonische (natürliche) Dur= (oder harte) Tonleiter.

Finden sich jedoch in einer aufwärts gehenden Scala die kleinen Secunden vom 2. zum 3. und 7. zum 8., in der abwärtsgehenden vom 6. zum 5. und 3. zum 2. Tone, so heißt eine solche Folge diatonische Moll= (oder weiche) Tonleiter.

Jede Tonstufe kann Ausgangspunkt einer Dur= oder Molltonleiter sein, nur muß immer für die betreffenden Stufen die Lage der kleinen Secunden festgehalten werden. Um dies zu ermöglichen, ist es nöthig, bald einzelne Töne zu erhöhen, bald andere tiefer zu machen. Ersteres wird bewerkstelligt, indem man den zu erhöhenden Tönen ein Kreuz (#) vorsetzt, letzteres, das Vertiefen, durch die Vorzeichnung eines Be (♭). Das durch ein Kreuz oder Be von einem Tone abgeleitete Intervall heißt Halbton.*)

In Folge eines vorgesetzten Kreuzes wird dem Notennamen die Silbe is (c — cis, d — dis, e — eis u. s. w.), nach einem vorgezeichneten Be die Silbe es (c — ces, d — des) angehängt. Im letzteren Falle bilden jedoch die 3 Töne h, e und a eine Ausnahme; h verändert sich einem alten Gebrauche nach in b (nicht hes), e in es (nicht ees) und a in as (nicht aes). Die Geltung von Kreuz und Be (# und ♭) wird durch das Auflösungszeichen (♮, Bequadrat) wieder aufgehoben.

Einzelne Stufen der Scala werden durch besondere Benennungen ausgezeichnet; so heißt die erste Stufe Grundton, Tonika, die fünfte Dominante, die dritte Mediante, die siebente Leitton. Außerdem bezeichnet man im Allgemeinen die Töne der Tonleiter, je nach ihrer Entfernung von der Prime, mit Secunde, Terz, Quarte, Quinte, Sext, Septime, Octave, None, Decime u. s. w.

Die Tonleiter von C (siehe Nr. 19), da sie keiner Vorzeichnungen bedarf, gilt in der Regel als Grund= oder Mustertonleiter. Sobald man von einem andern Tone aus eine Scala bildet, müssen einzelne Töne verändert werden. Jeder neue Ausgangspunkt zieht neue Veränderungen nach sich. Da solche Veränderungen gewöhnlich durch die ganze Dauer eines Stückes Geltung haben, so werden sie als wesentliche Versetzungszeichen unmittelbar hinter dem Schlüssel notirt. Diese Versetzungszeichen haben für alle gleichnamigen Tonstufen Gültigkeit. Vorzeichnungen, die nur hie und da im Verlaufe eines Tonstücks nöthig werden und dann nur für den Umfang eines Taktes Berücksichtigung finden, heißen im Gegensatze zu jenen zufällige.

---

*) Z. B. die große Secunde von c heißt d, die kleine Secunde des, der Halbton cis. Wie heißen auf= und abwärts die großen und kleinen Secunden und die Halbtöne der übrigen Stufen der Tonleiter?

Große und kleine Secunden, Halbtöne. (In ähnlicher Weise auf verschiedenen Stufen zu üben.)

G-dur Tonleiter.

55.

56. Mäßig.

Reines Ge-wis-sen in E-lend und Noth macht Wasser zu Wein und Stei-ne zu Brod.

*)

Rei-nes Ge-wis-sen in E-lend und Noth macht Wasser zu Wein und Stei-ne zu Brod.

Hoffmann v. Fallersleben.

Jede Durtonleiter hat eine entsprechende, eine kleine Terz tiefer liegende parallele Molltonleiter, die mit jener gleiche Vorzeichnung hat. Jede Vorzeichnung kann demnach zwei Tonleitern, einer Dur- und einer Mollscala angehören. Man kann in der Regel aus den Anfangs- und Schlußtönen den Grundton eines Musikstückes ersehen, doch ist es immer besser sich allmälig die Vorzeichnung aller Tonleitern fest einzuprägen, auch ist das Ohr frühzeitig zu gewöhnen, die eigenthümliche Klangfarbe von Dur und Moll unterscheiden zu lernen.

Die parallele Molltonleiter folgte ursprünglich Ton für Ton ihrer Durtonleiter, doch mußte frühe schon des Leittons (der großen Septime) wegen eine Erhöhung der 7. Stufe stattfinden, was im Laufe der Zeit auch noch die Erhöhung der 6. Stufe zur Folge hatte. Absteigend ist die Tonfolge der Mollscala die ursprüngliche geblieben.

C-dur.   a) Paralleltonart A-moll; ursprüngl. Form.

*) Das Doppelkreuz (x) erhöht einen Ton um zwei Halbtöne. In Folge dieser Vorzeichnung wird dem Notennamen ein weiteres is angehängt (z. B. f, fis, fisis). Ihm entgegen steht das Doppelbe (♭♭), das den Ton um zwei Halbtöne erniedrigt (d, des, deses).

b) A-moll; zweite Form.   c) A-moll; neue Form.*)

Wird ein größerer Tonwerth anstatt in zwei, in drei Theile getheilt, so erhält man Triolen. Das äußere Zeichen der Triole ist ein über oder unter die mittlere Note gesetztes 3.  In gleicher Weise werden Sextolen gebildet, wenn eine größere Note anstatt in vier, in sechs kleinere Notenwerthe getheilt wird. 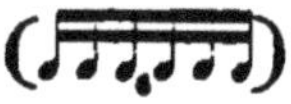 Bei beiden Tongruppen ist die erste Note immer scharf zu betonen.

57.

58. Frisch.

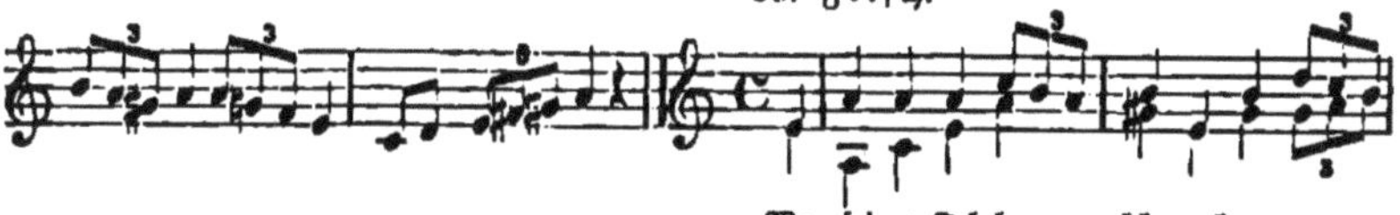

Wer sei-ne Feh-ler hö-ren kann, ver- zum Freund, zum Freund den be-sten Mann. dient zum Freund den be-sten Mann. Wer sei-ne Feh-ler hö-ren kann, ver-ben be - sten Mann. E-moll. 
dient zum Freund, zum Freund den be = sten Mann. H. v. F.

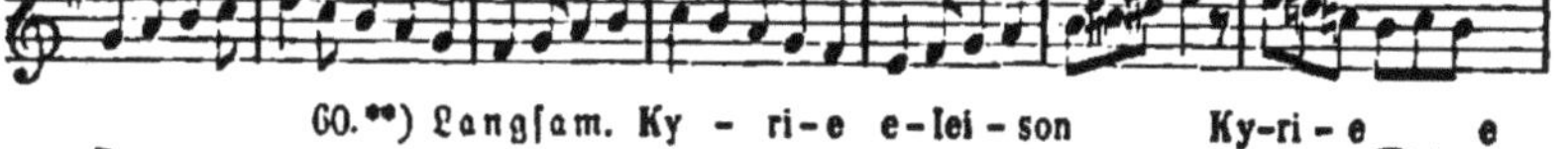

60.**) Langsam. Ky - ri-e e-lei-son   Ky-ri-e   e
Ky-ri-e e-lei - son, Ky-ri-e   Ky - ri-

---
*) Nach dem Muster der C-dur und A-moll-Scala soll der Schüler in der Folge alle Dur- und Molltonleitern selbst zu bilden versuchen.
**) Kyrie eleison = Herr erbarme dich unser.

Zwei große Secunden ergeben das Intervall einer großen Terz, eine große und eine kleine Secunde das einer kleinen, zwei kleine Secunden das einer verminderten.*)

Die menschliche Stimme ist der verschiedensten Abstufungen hinsichtlich der Tonstärke fähig. Ein ausdrucksvoller Gesang ist nur dann denkbar, wenn ein naturgemäßer Wechsel zwischen starken und schwachen Tönen und den sie vermittelnden Uebergängen stattfindet. In der Regel soll die Stimme allmälig an Kraft zunehmen, wenn die Melodie steigt, der Ton soll schwächer werden, wenn sie fällt. Mit dieser in der Natur jeder Melodie liegenden Zu= oder Abnahme des Tones reicht man jedoch nicht aus. Um ein Gesangstück den Wünschen des Ton= setzers entsprechend ausführen zu können, muß man gewisse, auf den Vortrag und Ausdruck bezügliche Zeichen und Worte berücksichtigen lernen, die man dynamische nennt. Die wichtigsten dynamischen Zeichen sind: *f* (forte) stark; *p* (piano) schwach; *ff* (fortissimo) sehr stark; *mf* (mezza forte) halb stark; *pp* (pianissimo) sehr leise; *sf* (sforzando oder sforzato) und *rf* (rinsorzando) her= vorgehoben, verstärkt, (hat nur für einzelne Noten, die stark accentuirt werden sollen, Geltung); *cresc.* (crescendo) allmälig zunehmend, *decresc.* (decrescendo) oder *dim.* (diminuendo) all= mälig abnehmend an Stärke. Dem *cresc.* und *decresc.* entspricht das Zeichen ⟨══⟩, dem *sf* und *rf* > oder ʌ. Jedes dynamische Zeichen hat so lange Geltung, bis es durch ein anderes ersetzt wird.

Man übe nun die Scala auf= und abwärts mit den Silben mo oder ma zuerst *p* und *f*; dann *p*, *mf* und *f*; dann *pp*, *p*, *mf*, *f* und *ff*. Dann *cresc.* im Aufsteigen, *decresc.* im Absteigen und umgekehrt. Erst zuletzt wird man auf einzelnen gehaltenen Tönen *cresc.* und *decresc.* üben. Das Piano und Forte muß deutlich, klar und zwanglos sein, der Ton soll auf den Lippen liegen; namentlich darf das Forte nicht gepreßt, gedrückt und rauh klingen; es läßt sich dasselbe überhaupt nicht auf einmal gewinnen, sondern nur allmälig durch Uebung. Die Kraft des Tons wächst mit einer vollen, kräftigen und deutlichen Aussprache, besonders der Vo= cale. Das Piano übt man auf lange gehaltenen Tönen, das Forte auf kurzen, bestimmt an= geschlagenen.

61. D-dur.

---

*) Auf welchen Stufen der Dur= und Molltonleiter finden sich große und kleine Ter= zen? Wie heißen ab= und aufwärts die großen, kleinen und verminderten Terzen von c, d, e u. s. w.?

Ein jedes Gesangstück muß in einer seinem Charakter entsprechenden Bewegung vorgetragen werden, für welche man die allgemeine Bezeichnung Tempo oder Zeitmaaß hat. Es ist gebräuchlich, den Grad der Bewegung durch italienische Kunstwörter, deren Bedeutung sich nun der Schüler auch einprägen muß, näher zu bezeichnen. Man unterscheidet fünf solcher Grade: die langsamste Bewegung (Adagio), die mäßig langsame (Andante), die mäßig geschwinde (Moderato), die geschwinde (Allegro) und die schnellste (Presto). Dazwischen liegen viele verschiedene Abstufungen, die durch andere Ausdrücke näher bezeichnet werden. Eine Sammlung solcher auf das Tempo und den Vortrag bezüglicher Fremdwörter findet sich am Ende dieses Heftchens. Hier sei nur noch der Worte ritardando und rallentando, (rit. und rall.) zögernd, gedacht.

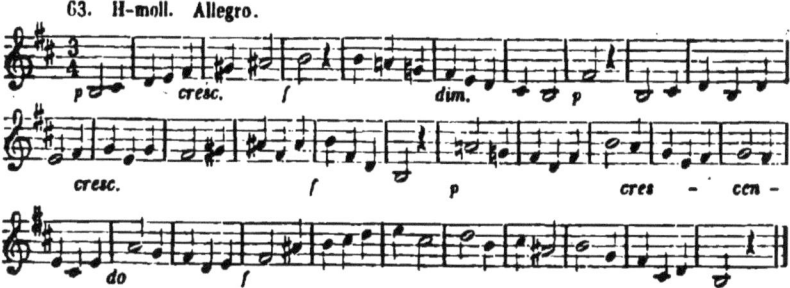

Neben den bisher geübten Taktarten, die, jenachdem sie 2 oder 3theilige (% oder ¾ Takte) waren in gerade und ungerade oder jenachdem sie aus 2 oder 3gliedrigen Takten zusammengesetzt erscheinen (X und ⅔ Takte) in einfache und zusammengesetzte eingetheilt werden, sind nun die Alla-breve-Taktarten noch in's Auge zu fassen. Unter Brevis versteht man in der alten Ton- oder Choralschrift*) eine zweitheilige Note, welche diese Form hat: [notation] oder [notation] Sie gilt 8 Viertel und erhält im großen Allabrevetakt, der nach ganzen Noten gezählt wird, zwei, im kleinen Allabrevetakt, der vier halbe Noten enthält, vier Taktschläge. Das Taktzeichen für den Allabrevetakt ist ein durch das C Taktzeichen gezogener senkrechter Strich: [notation]

64. Der kleine Allabreve- oder ₵ Takt. *Moderato.*

Man unterscheidet dreierlei Quarten: die **reine** (aus großer Terz und kleiner Secunde bestehend, z. B. c—f), die **verminderte** (aus kleiner Terz und kleiner Secunde zusammengesetzt cis—f**) und die **übermäßige** (drei große Secunden umfassend, f—h). Die letztere, der sogenannte Tritonus, auf der 4. Stufe der Scala sich findend, ist eines der schwersten Intervalle für den Sänger, das mit besonderer Aufmerksamkeit geübt werden muß.

65. A-dur. *Allegro.*

---

*) Andere Choralnoten sind die **Semibrevis** [notation] unserer ganzen, die **Minima** [notation] unserer halben, die **Seminimima** [notation] unserer Viertelnote entsprechend.

**) Siehe Uebung 64 den Fortschritt der 2. Stimme vom 16. zum 17. Takte d — ais.

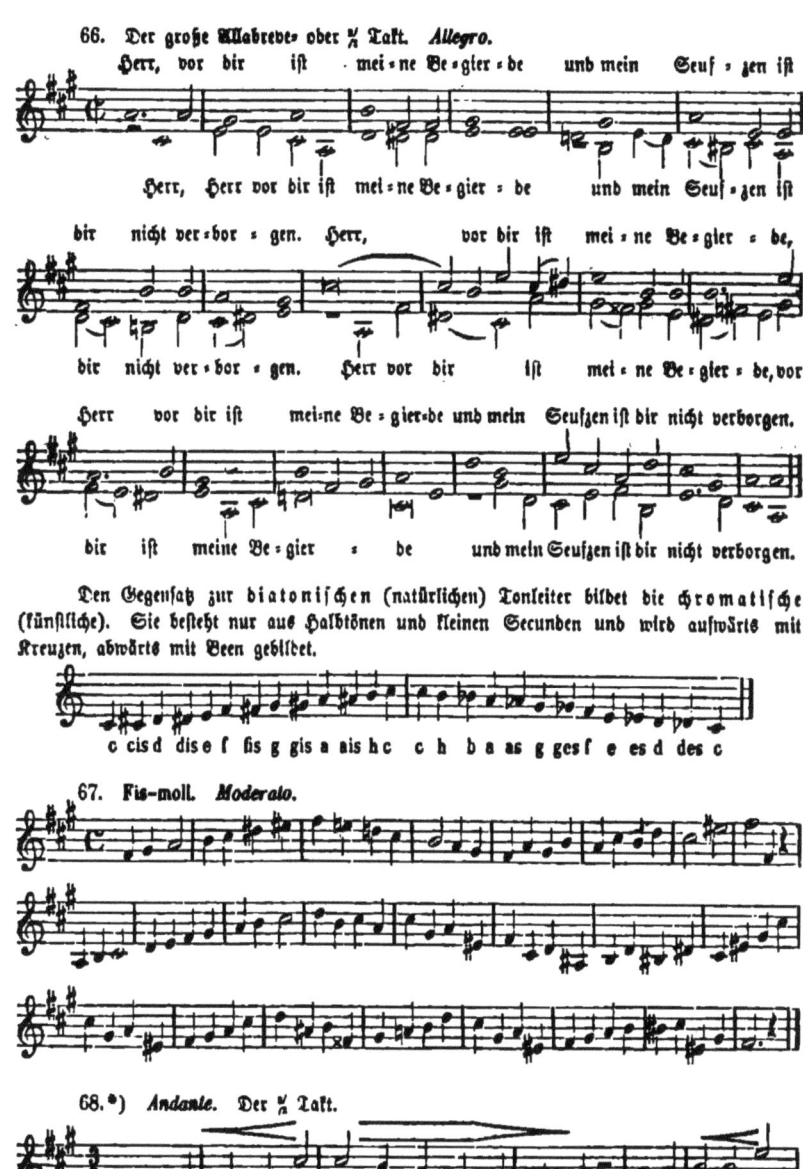

Den Gegensatz zur **diatonischen** (natürlichen) Tonleiter bildet die **chromatische** (künstliche). Sie besteht nur aus Halbtönen und kleinen Secunden und wird aufwärts mit Kreuzen, abwärts mit Been gebildet.

---

*) Agnus Dei, qui tollis peccata mundi, miserere nobis = Lamm Gottes, welches die Sünde der Welt trägt, erbarme dich unser.

Unter **Melodie** versteht man eine faßliche, wohlgefällige Folge einzelner Töne, unter **Harmonie** den übersichtlichen Zusammenklang mehrerer. Besteht ein solcher Zusammenklang aus Tönen, die in einem Terzenverhältnisse stehen, so nennt man ihn **Accord**. 3 Töne (oder 2 Terzen) bilden einen **Drei-**, 4 Töne (oder 3 Terzen) einen **Vier-**, 5 Töne (oder 4 Terzen) einen **Fünfklang**. Der Dreiklang, aus Prime (Grundton), Terz und Quinte zusammengesetzt, heißt auch **Quintaccord**, der Vierklang, der zu den genannten Tönen die Septime fügt, **Septimenaccord**, der Fünfklang, zu dem die None noch hinzutritt, **Nonenaccord**.

Der Dreiklang ist ein **großer** (harter, Duraccord), wenn er aus großer Terz und reiner Quinte, ein **kleiner** (weicher, Mollaccord), wenn er aus kleiner Terz und reiner Quinte, ein **übermäßiger**, wenn er aus großer Terz und übermäßiger Quinte, ein **verminderter**, wenn er aus kleiner Terz und verminderter Quinte besteht.*) Z. B.

Der Vierklang (Septimenaccord) findet sich in der Gestalt, in welcher er am häufigsten angewendet wird, auf der 5. Stufe (der Dominante) der diatonischen Scala. Dieser Accord besteht aus dem großen Dreiklang und der kleinen Septime. Alle übrigen Septimenaccorde fügen entweder zu weichen oder verminderten Dreiklängen die kleine oder zu harten die große Septime.**).

Haupt- oder
Dominantseptimenaccord. Septaccord d. 1. St. Septaccord d. 2. St.

*) Der übermäßige Dreiklang kommt in der diatonischen Dur- und Mollscala nicht vor. Auf welchen Stufen beider finden sich große, kleine und verminderte Dreiklänge?
**) Welcher Art sind die Septimenaccorde, die sich auf den einzelnen Stufen der Dur- und Molltonleiter finden?

— 27 —

Der **Fünfklang** (Nonenaccord) wird aus dem Dominantseptimenaccord durch fernere Hinzufügung einer Terz gebildet. In der diatonischen Durtonleiter ist diese Terz eine große, in der diatonischen Molltonleiter eine kleine. Da nun der Nonenaccord in der Regel nur 4stimmig gebraucht wird und in diesem Falle ihm dann gewöhnlich der Grundton fehlt, so besteht er, wenn er der Durtonleiter entnommen ist, nur noch aus kl. Terz, verm. Quint und kl. Septime und heißt **verminderter Septimenaccord**, wenn er jedoch der Mollscala entstammt, aus kl. Terz, verm. Quint und verm. Sept. und heißt **doppelt verminderter Septimenaccord***).

Nonenaccord in Dur. Nonenacc. in Moll. Verm. Septaccord. Doppelt verm. Septacc.

Die verschiedenen Intervalle unterscheiden sich je nach ihrer Wirkung im Zusammenklange in consonirende (wohlklingende, befriedigende, beruhigende) und dissonirende (mißklingende, unbefriedigende). Zu den consonirenden Intervallen gehören sämmtliche reine (Prime und Octave, Quarte und Quinte) und die Terz und Sext (große und kleine). Zu den dissonirenden die Secunde und Septime und alle verminderten und übermäßigen.

Ein Accord ist consonirend, wenn er allein aus consonirenden Intervallen besteht, dissonirend, wenn auch nur ein dissonirendes Intervall sich in ihm findet. Die consonirenden Accorde sind für sich befriedigend und können zum Abschluße eines Tonstückes benützt werden, wessen die dissonirenden nicht fähig sind, sie erfordern vielmehr einen Accord, in welchen sie sich auflösen. Alle großen und übermäßigen Dissonanzen lösen sich aufwärts, alle kleinen und verminderten abwärts auf. Demnach drängt die große Septime (der Leitton) und die übermäßige Quinte zur nächst höhern, die kleine Septime und die verminderte Quinte zur nächst tiefern Stufe. Ein Accord kann entweder im Zusammenklange (harmonisch) oder in seine einzelnen Theile aufgelöst (gebrochen, melodisch) erscheinen.

69. **F-dur.** *Allegro moderato.* Die reine, übermäßige und verminderte Quinte**).

*) Die Bildung der Accorde auf den verschiedenen Stufen der beiden Scalen dürfte durch folgende Tabellen übersichtlicher gemacht werden.

Dur.   Moll.

I II III IV V VI VII°   I II° III IV V VI VII°

**) Man unterscheidet, wie aus den vorstehenden Erklärungen bereits ersichtlich ist, dreierlei Quinten: die reine (aus großer und kleiner Terz bestehend c-e-g), die übermäßige (aus zwei großen, c-e-gis) und die verminderte (aus 2 kleinen Terzen gebildet, h-d-f). Die verm. Quinte findet sich auf der 7. Stufe der Tonleiter.

V. Volti oder Verte = wende um. V. S. Volti Subito = wende schnell um.

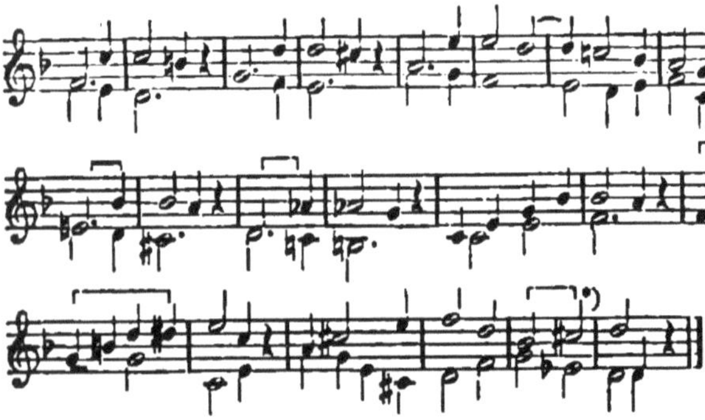

D. C. al Fine.

70. *Allegro moderato.*

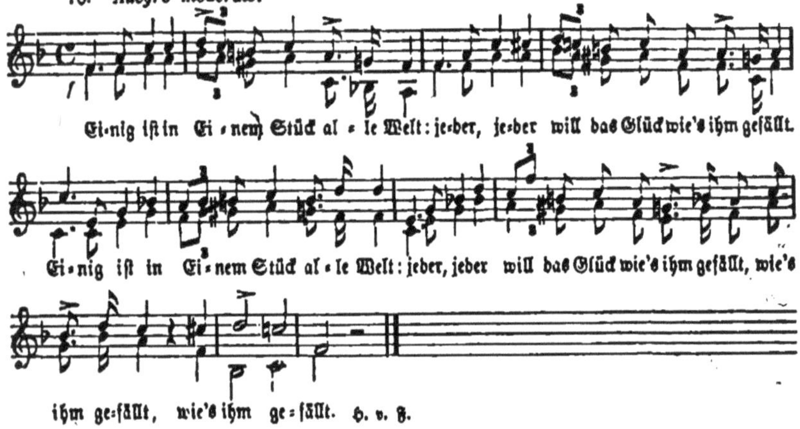
Ei-nig ist in Ei-nem Stück al-le Welt: je-der, je-der will das Glück wie's ihm gefällt.
Ei-nig ist in Ei-nem Stück al-le Welt: jeder, jeder will das Glück wie's ihm gefällt, wie's
ihm ge-fällt, wie's ihm ge-fällt. H. v. F.

Die Accorde erscheinen nicht immer in der Grundgestalt, in der wir sie bisher kennen lernten (5/3 oder 8/5/3). Sehr häufig bildet ein anderer als der Grundton den tiefsten Ton, wodurch sofort das Intervallenverhältniß des ganzen Accordes auch ein anderes wird.

Der aus drei Tönen gebildete Dreiklang kann, je nachdem einer dieser Töne tiefster Accordton ist, in drei verschiedenen Gestalten, d. h. in der uns bereits bekannten Grundgestalt und in zwei Umkehrungen**) erscheinen.

Quintaccord.
Sextaccord.
Quartaccord.
(6)
(6/4)

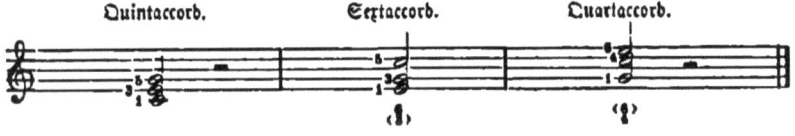

*) Uebermäßige Secunde.

D. C. al Fine (Da Capo al Fine) = vom Anfang bis zum Schluß (d. h. bis dahin, wo das Wort Fine [Ende] steht.)

**) Die Intervalle des umgekehrten Accordes werden vom Baßton aus berechnet und benannt und das Verhältniß derselben häufig durch Ziffern unter der tiefsten Stimme angegeben. Eine solche bezifferte Stimme heißt Generalbaß.

*) Man versäume es doch ja nicht, dem Gesangschüler einen klaren Einblick in das Wesen der Intervalle und Accorde zu verschaffen und scheue keine Mühe, bis derselbe gewonnen ist, denn nur auf diese Weise wird es möglich werden, diejenige Fertigkeit und Sicherheit im Lesen und Treffen der Noten zu erlangen, die einem guten Chorsänger unentbehrlich sind.

**) Crucifixus etiam pro nobis, passus et sepultus est = der für uns gekreuzigt, gestorben und begraben ist.

*) Die Worte Minore (klein) und Majore (groß) beziehen sich auf die Terzen der betreffenden Tonarten und stehen also für Dur und Moll.

Eine einfache Melodie kann auf mannigfaltige Weise verziert und ausgeschmückt werden. Die schwierigeren Verzierungen: Triller, Doppelschlag, Morbent*) und andere gehören dem Sologesange an und erscheint es nicht nöthig hier näher darauf einzugehen.. Die leichteren: Vorschlag und Nachschlag, die auch im Chorgesang vorkommen, sollen dagegen in's Auge gefaßt werden. Alle Verzierungen werden mit kleinerer Schrift vor oder nach den Hauptnoten, zu denen sie gehören, notirt. Man unterscheidet lange und kurze Vorschläge. Der lange Vorschlag (Appoggiatura) eignet sich, vor einer zweitheiligen Note stehend, die Hälfte, vor einer dreitheiligen zwei Drittel von deren Werthe an. Der kurze Vorschlag (Accaggiatura), daran kenntlich, daß er im Stiele oder Fähnchen immer durchstrichen ist, wird so leicht und schnell ausgeführt, daß er der nachfolgenden Note so viel wie Nichts von ihrem Werthe entzieht. Die Vorschläge müssen stets betont werden. Der Doppelvorschlag besteht aus zwei, immer rasch vor der Hauptnote gesungenen Tönen, der Nachschlag eben so aus zwei der Hauptnote angehängten; er wird in der Regel mit dem untern Halbtone gemacht. Z. B.:

*) Für diese Verzierungen hat man gewisse Zeichen. Der Triller (tr), die glänzendste, aber auch schwierigste unter allen Fioriituren, besteht aus der möglichst schnell abwechselnden Angabe eines Hauptones und seines nebenanliegenden höheren Tones. Er wird stets mit einem Vorschlage begonnen und mit einem Nachschlage geschlossen. Z. B.:

Der Doppelschlag besteht aus drei (vier) Tönen, die als Verbindung zweier Haupttöne dienen und schneller oder langsamer, je nachdem die Bewegung eines Stückes eine schnellere oder langsamere ist, ausgeführt werden. Das Zeichen dafür ist: ∞ oder ∾ und wird der Doppelschlag im ersten Falle von oben, im andern von unten begonnen:

Der Morbent besteht aus zwei (oder vier) kurzen Noten, die mit dem Einsatz der Hauptnote begonnen und gewöhnlich aufwärts gemacht werden. Das Zeichen dafür ist ⋀ oder ⋁. Z. B.:

79. C-moll. *Larghetto.*

Mit dem Worte Solo bezeichnet man den Gesang einer einzigen oder doch einzelner Stimmen. Die Worte Chor oder Tutti deuten den Eintritt sämmtlicher Stimmen an.

80. *Andante.*

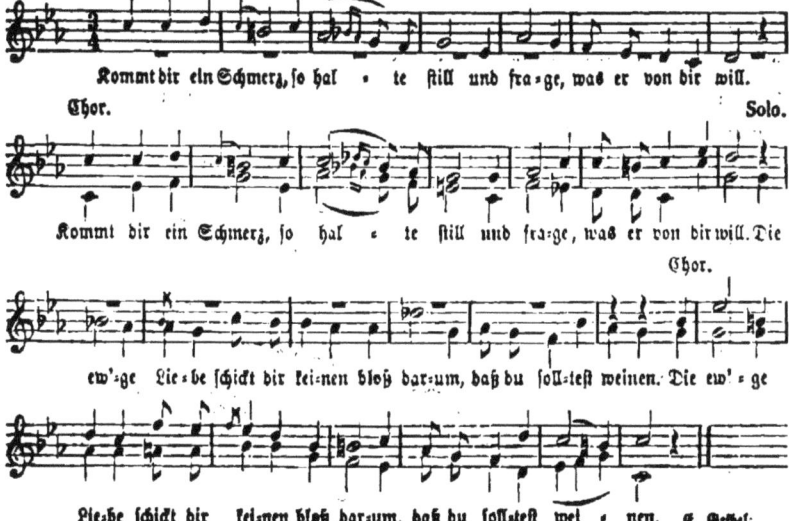

Kommt dir ein Schmerz, so hal - te still und fra-ge, was er von dir will.

Kommt dir ein Schmerz, so hal - te still und fra-ge, was er von dir will. Die ew'-ge Lie-be schickt dir kei-nen bloß dar-um, daß du soll-test weinen. Die ew'-ge Lie-be schickt dir kei-nen bloß dar-um, daß du soll-test wei - nen. E. Geibel.

Anhang.

Die menschliche Stimme scheidet sich in zwei Hauptstimmklassen: die männliche und weibliche, deren jede wiederum zwei Hauptarten hat. Die der männlichen Stimme sind Tenor (hohe Männerstimme) und Baß (tiefe Männerstimme), die der weiblichen, wozu auch die Knabenstimme zählt, Sopran (Canto, Discanto — hohe Frauenstimme) und Alt (tiefe Frauenstimme). Zwischen Tenor und Baß liegt der Baryton (hohe Baß), zwischen Sopran und Alt der Mezzo-Sopran (tiefe Sopran).

Jede Stimmart hat ihren bestimmt abgegrenzten Umfang und der bequemern Notirung wegen erhielt jede, wenigstens in früheren Zeiten, ihren besonderen Schlüssel. Für Sopran, Alt und Tenor gebrauchte man den C-Schlüssel, der auf der ersten Linie stehend Discantschlüssel, auf der dritten Altschlüssel und auf der vierten Tenorschlüssel heißt. Er hat diese Form: 𝄡 und gibt jedesmal der auf gleicher Linie mit ihm stehenden Note den Namen und die Tonhöhe des eingestrichenen c. In neuerer Zeit werden die Sopran-, Alt- und Tenorstimmen gewöhnlich im G- oder Violinschlüssel notirt. Für die Baßstimme wird der F- oder Baßschlüssel vorgezeichnet; er hat diese Gestalt: 𝄢 Auf der durch die beiden Punkte laufenden Linie steht das kleine f.

Der Umfang sämmtlicher Gesangstimmen stellt sich, jede derselben in ihren besondern Schlüsseln notirt, also fest:

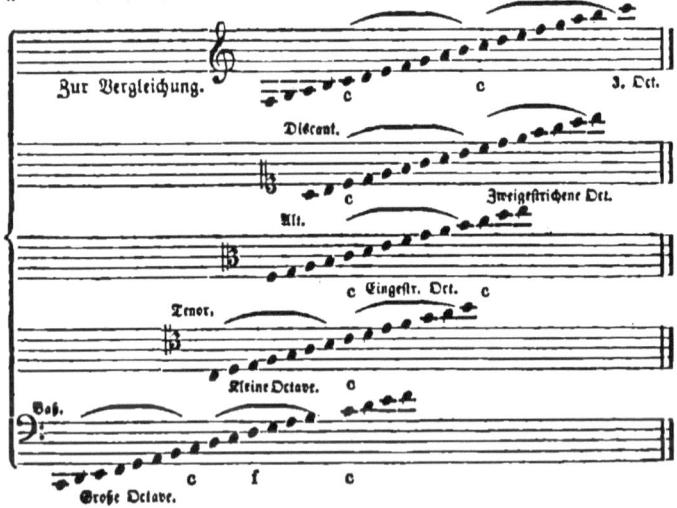

— 35 —

Eine Zusammenstellung aller zu einem Tonstücke gehörigen (Vocal- und Instrumental-) Stimmen, so daß jede derselben auf einem besondern System notirt und alle Takt für Takt zu leichterer und bequemerer Uebersicht unter einander gesetzt sind, heißt **Partitur**.

Das sichtbare Bezeichnen der Theile eines Taktes durch die Bewegung der rechten Hand (gewöhnlich den Taktstock, eine Notenrolle oder einen Violinbogen haltend) nennt man **Taktiren** oder **Taktschlagen**. Da diese Bewegungen bei größeren und schwierigeren Tonstücken die Ausführenden allein leiten und im Takte halten müssen, so ist es nöthig, daß der Schüler frühe schon über deren Bedeutung sich klar wird und dieselben sich einprägt. Der erste (schwerste) Takttheil wird immer abwärts geschlagen, der letzte stets aufwärts; die Mittelglieder entweder rechts oder links.

Der Zweivierteltakt: Der Dreivierteltakt: Der Viervierteltakt: Der Sechsachteltakt:

Die gebräuchlichsten italienischen Kunstwörter, welche sich auf das Zeitmaaß oder Tempo oder auf den Vortrag beziehen, sind folgende:

Langsame Bewegung:
- *Largo*, breit.
- *Adagio*, } langsam.
- *Lento*,
- *Grave*, schwer.

Mäßig langsame Bewegung:
- *Larghetto*, etwas bewegter als *Largo*.
- *Andante*, gehend.
- *Andantino*, etwas lebhafter als *Andante*.
- *Sostenuto*, gehalten.
- *Commodo*, bequem.

Mäßig geschwinde Bewegung:
- *Moderato*, gemäßigt.
- *Allegretto*,
- *Allegramente*, } etwas lebhaft.
- *Allegro moderato*, } mäßig lebhaft.
- *Allegro ma non troppo*,

Geschwinde Bewegung:
- *Allegro*, munter.
- *Animato*, beseelt.
- *Allegro con brio*, frisch
- *Allegro con moto*, lebhaft } bewegt.
- *Allegro con fuoco*, feurig

Schnellste Bewegung:
- *Allegro agitato*, unruhig
- *Allegro appassionato*, leidenschaftlich } bewegt.
- *Allegro vivace*, lebhaft
- *Allegro assai*,
- *Allegrissimo*,
- *Vivace*, } sehr lebhaft.
- *Vivacissimo*,
- *Presto*, schnell.
- *Presto assai*, } sehr schnell.
- *Prestissimo*,

- *a piacere*, } nach Belieben.
- *ad libitum*,
- *ritenuto*, } zögernd.
- *stentando*,

- *calando*, beruhigend.
- *accelerando*, } eilend.
- *precipitando*,
- *mosso, vivo*, belebt.
- *veloce*, schnell.
- *stringendo*, drängend.
- *tempo giusto*, das rechte Tempo.
- *piu*, mehr.
- *assai, troppo*, sehr.
- *molto*, viel.
- *un poco*, ein wenig.
- *un poco piu*, ein wenig mehr.
- *quasi*, wie.
- *senza*, ohne.
- *meno*, minder.
- *non troppo*, nicht zu sehr.
- *con forza*, mit Kraft.
- *fff (con tutta la sforza)*, mit aller Kraft.
- *piu forte*, stärker.
- *poco a poco*, nach und nach.
- *cresc. al forte*, wachsend bis zur Stärke.
- *diluendo*, } verlöschend.
- *smorzando*,
- *mancando*, abnehmend.
- *perdendosi*, sich verlierend.
- *morendo*, ersterbend.
- *amabile*, lieblich.
- *brillante*, glänzend.
- *cantabile*, gesangartig.
- *delicatamente*, geschmackvoll.
- *dolce*, zart.
- *doloroso*, traurig.
- *con espressione*, ausdrucksvoll.

espressivo, ausdrucksvoll.
furioso, wild.
giocoso, heiter.
grazioso, } anmuthsvoll.
con grazia,}
grandioso, großartig.
grave, ernst.
innocente, einfach.
lamentoso, klagend.
leggiero, leicht.
lusingando, schmeichelnd.
maestoso, erhaben.
marcato, betont.

a la marcia, marschartig.
marziale, kriegerisch.
parlanto, sprechend.
piacevole, einschmeichelnd.
pomposo, prächtig.
religioso, andächtig.
risoluto, entschlossen.
scherzando, scherzend.
semplice, einfach.
mezza voce (m. v.), mit halber Stimme.
sotto voce (s. v.), mit gedämpfter Stimme.
tenuto (ten.), gehalten.

Die sichere, reine und bestimmte Angabe eines Tones nach seinem eigenthümlichen Tonwerthe bezeichnet man mit dem Worte Intonation.

Die (Accord=) Tonfolge, mit der ein einzelner Satz oder ein ganzes Tonstück abschließt, heißt Cadenz (Tonfall, Tonschluß 2c.). Sie ist eine vollkommene oder Hauptcadenz (Ganzschluß), wenn dem auf den ersten Takttheil fallenden und in seinen äußern Stimmen die Tonica bringenden, consonirenden Schlußaccord, der Accord der Dominante (5. Stufe) mit seinem Grundton im Baße vorausgeht. Die Cadenz ist eine unvollkommene, wenn der Schlußaccord in der Terz oder Octavenlage steht, oder nicht auf den schweren Takttheil fällt, oder wenn der ihm vorangehende Dominantaccord in einer seiner Umkehrungen erscheint. Die Halbcadenz (Halbschluß) wird entweder auf dem Accord der Dominante gebildet, dem dann der Dreiklang der Tonica vorausgeht, oder durch die Aufeinanderfolge des Dreiklangs der Quarte und desjenigen der Tonica. Wenn die Cadenz von ihrer ursprünglichen Richtung abweicht und statt des erwarteten Schlußaccordes der Tonica ein fremder Accord eintritt, so entsteht eine Trugcadenz (Trugschluß). Z. B.:

Der Uebergang von einer Tonart in eine andere heißt Ausweichung, der Wechsel der Harmonien in einem Tonstücke, die Ausweichungen inbegriffen, Modulation. Diejenigen Tonarten, welche man zur Modulation verwendet, sollen unter sich verwandt sein, d. h. mindestens ein Ton soll den aufeinanderfolgenden Accorden gleichzeitig angehören. Im ersten Grade verwandt ist der Accord der Tonica mit den Accorden der Ober= und Unterdominante, im zweiten Grade mit den Accorden der Ober= und Untermediante u. s. w.

Die verschiedenen Tonstücke unterscheiden sich formell — nach Ausdehnung und innerer Einrichtung —, und gehaltlich — nach Charakter und Wirkung. Letztere sind haupt=

sächlich bedingt durch die Kunstmittel, welche zur Darstellung beansprucht werden. Es kann der Gesang allein, oder Instrumente allein, oder beides vereinigt wirken; je nach den Musikorganen unterscheidet man zwischen Vocal- und Instrumentalmusik. Der Charakter eines Tonstücks soll dem geistigen Inhalte desselben entsprechen, und angenommen nun, daß die Musik den nächsten Zweck hat, den Regungen der Seele, den Empfindungen, Leidenschaften und Zuständen des Menschenherzens erhöhten, ja verklärten Ausdruck zu geben, wird er unendlich mannigfaltig sein können.

Ebenso sind die Kunstformen äußerst vielgestaltige. Die einfachste und ursprünglichste Gesangsform ist das Lied, das sich unterscheidet in das weltliche Lied — in seiner weitern Entwicklung zur Romanze, Ballade, Arie werdend — und in das geistliche Lied, das sich in seiner Fortbildung zum Choral, zur geistlichen, gewöhnlich mehrstimmigen Arie und zur Motette ausbildet. Unter letzterer versteht man ein über einen kurzen geistlichen Text verfertigtes Gesangstück, das mehr oder minder ausgeführt ist und in dem die musikalischen Gedanken in kunstvoller Weise verflochten und festgehalten erscheinen. Liegt einer solchen Composition eine Choralmelodie oder irgend eine andere bekannte Weise zu Grunde (ein Cantus firmus, d. h. unveränderlicher Gesang) so heißt sie Choralmotette.

Je nachdem nun die Musik eine geistliche oder weltliche Richtung verfolgt, unterscheidet man auch zwischen strengen und freien Formen. Jedoch ist dies nicht in dem Sinne zu nehmen, daß alle geistliche Musik in strenger Form gehalten sein müße, oder daß sich die weltliche letzterer nicht auch bedienen könne. Zu den strengen Formen gehören der Contrapunkt, der Canon und die Fuge.

In einem contrapunktischen Tonstücke sucht jede der betheiligten Stimmen eine selbstständige Melodie zu gewinnen, keine Stimme ist der andern an Wichtigkeit untergeordnet, keine will der andern nur als harmonische Grundlage, als Begleitung dienen, dennoch müssen alle in ihrem Zusammenklange die vollkommenste Harmonie bilden. Diese Satzweise nennt man auch die polyphone; ihr gegenüber steht die homophone, in der mehrere Stimmen sich nur begleitend einer Hauptstimme anschließen.

Unter Canon versteht man ein mehrstimmiges Tonstück, das eigentlich nur aus Einer Melodie besteht, die aber so eingerichtet sein muß, daß sie von mehreren Stimmen, die in bestimmten Zeiträumen, wohl auch auf anderer Tonhöhe einsetzen, gesungen werden kann; zuletzt muß das Ganze einen wohlklingenden, harmonisch befriedigenden Zusammenklang ergeben. Die erste (Haupt-) Stimme bildet also für alle folgenden die Regel oder Richtschnur (Canon) die unverändert festzuhalten ist.*)

Die Fuge ist ein mehrstimmiger Tonsatz, in dem zuerst eine kurze Melodie (vielmehr nur ein gedrängter, charakteristischer Gedanke, ein Motiv) in einer Stimme allein auftritt; diese Melodie wird nach und nach in bestimmtem Tonwechsel von den übrigen Stimmen aufgenommen und wiedergebracht, während die bereits vorhandenen Stimmen in selbstständigem Fortschreiten immer neue harmonische und melodische Bildungen erzeugen. Ein solches Stück soll in den reichsten Verschlingungen und Nachahmungen, die sich fortwährend um den Hauptgedanken drängen, aus ihm sich entwickeln, bis zum Schluße fortgeführt (durchgeführt) werden. Die zuerst auftretende dem ganzen Stücke zur Grundlage dienende Melodie wird Thema, Führer, Dux oder Subjekt genannt, ihre Wiederholung in der zweiten Stimme heißt Antwort, Gefährte oder Comes. Die Art und Weise wie das Thema hin und wieder in den verschiedenen Stimmen erscheint, wird durch das Wort Wiederschlag bezeichnet. Der Eintritt des Gefährten vor dem Schluße des Führers bildet eine Engführung. Eine kurze

---

*) Das fleißige Singen von Canons ist für den Gesangschüler ein ganz vorzüglicher, nicht genug zu empfehlender Uebungsstoff. Siehe Canons. Zum Schulgebrauche und als Anhang zu jeder Chorgesangschule. Gesammelt von H. M. Schletterer. Nördlingen, bei C. H. Beck. 1866.

Fuge heißt **Fughette**, ein blos fugenartiger Satz inmitten eines größern Stückes **Fugato**. Die Begleitung eines Cantus firmus mit mehreren selbstständigen Stimmen nennt man **Figuration**. Sind die Stimen fugenmäßig behandelt, so erhält man eine **Choralfuge**. Das Thema einer Fuge, in welcher Stimme es auch erscheinen mag, ist bei der Ausführung stets hervortretend vorzutragen.

Das weltliche Lied erreicht seine höchste Blüthe im Dienste der dramatischen Musik und zwar in der vollendetsten Form derselben, in der **Oper**. So nennt man ein Schauspiel, in welchem sich Poesie, Musik, Malerei, Gesang und Darstellungskunst vereint bestreben, durch Vorführung leidenschaftlicher Handlungen, erregender und spannender Situationen, gesteigert in ihren Wirkungen durch alle Kunstmittel, die Seele zu ergreifen und Interesse und Theilnahme hervorzurufen. An die Stelle der gewöhnlichen Rede tritt dabei mit seiner erschütternden Gewalt der Gesang. Es ist zu unterscheiden zwischen **großer (ernster) Oper** (Opera seria), in der Regel ohne gesprochenen Dialog, und **komischer Oper** (Opera buffa), meist mit Gesprächen zwischen den einzelnen Gesangstücken. Das **Singspiel** oder die **Operette** ist eine kleine, gewöhnlich komische Oper, das **Liederspiel** (Vaudeville) ein Schauspiel mit eingeflochtenen Liedern und Wechselgesängen. In der Oper erscheinen alle speciellen Formen der Gesangsmusik: das **Recitativ**, eine im Gesangston deklamirte Rede, ohne bestimmte Form und feste Gestaltung einer Melodie, ohne bestimmten Takt und bestimmtes Tempo. Wo sich vorübergehend das Recitativ zu bestimmterem Rhythmus und liedähnlicher Form erhebt, entsteht das **Arioso**. Der Gesang einer Solostimme, zum Zwecke der musikalisch-künstlerischen Wiedergabe eines gewissen Gemüthszustandes, entsprechend dem Charakter der singenden Person und einer gegenwärtigen Situation, gehoben durch eine mehr oder minder wirkungsvolle Begleitung (Accompagnement) eines oder mehrerer Instrumente, heißt **Arie**. Eine kleine, weniger ausgeführte Arie nennt man **Ariette** oder **Cavatine**. In der Form der Arie erscheinen die Gesänge für zwei und mehr Stimmen, die **Duette**, **Terzette**, **Quartette** u. s. w. Ein von Solostimmen, unter gleichzeitiger Mitwirkung des Chors ausgeführtes, im Tempo vielfach wechselndes größeres dramatisches Gesangstück, bildet ein **Ensemble**. Die letzte Nummer eines jeden Opernaktes, in der Regel ein ausgedehnteres, wirkungsvolleres Ensemble heißt **Finale**.

Die Kirchenmusik zeigt mit der Oper äußere Verwandtschaft im **Oratorium**, einem geistlichen in seiner Handlung jedoch nur gedachten Drama, das alle Gesangsformen ebenfalls enthält. Die Musik, hier ohne jede äußere Zuthat, ohne blendenden, bestechenden Prunk und tändelnde Zierlichkeit, vermag nun in ihrer vollen Pracht, Gewalt und überwältigenden Großartigkeit zu erscheinen. Die Wirkung wird noch erhöht durch die Anwendung großer Chormassen, die hier weitaus überwiegender herbeigezogen sind als in der Oper.

Die **Cantate** ist eine größere, aus Recitativen, Arien und Chören zusammengesetzte Composition, meist ernsten Inhalts und ohne eigentliche dramatische Effekte. Ein religiöser, mit Sologesängen untermischter Chorsatz heißt **Hymne**.

Die Musik zu den Worten, die während des feierlichen Hochamtes im katholischen Gottesdienst gesungen werden, heißt **Messe** (Missa solemnis). Sie besteht aus folgenden Hauptheilen: Kyrie, Gloria, Credo, Sanctus, Benedictus, Agnus Dei und Dona nobis.

Unter **Requiem** (Missa pro defunctis) versteht man eine Seelen- oder Todtenmesse.

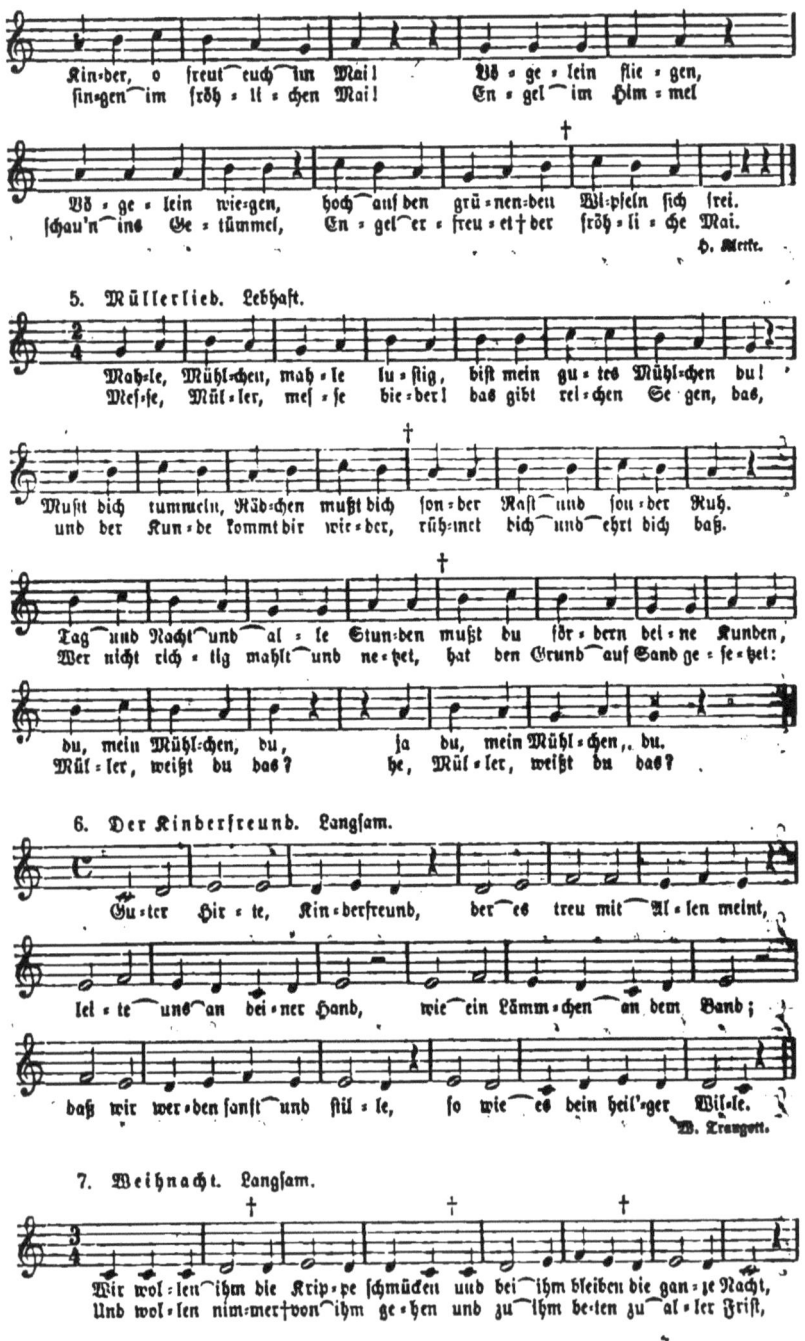

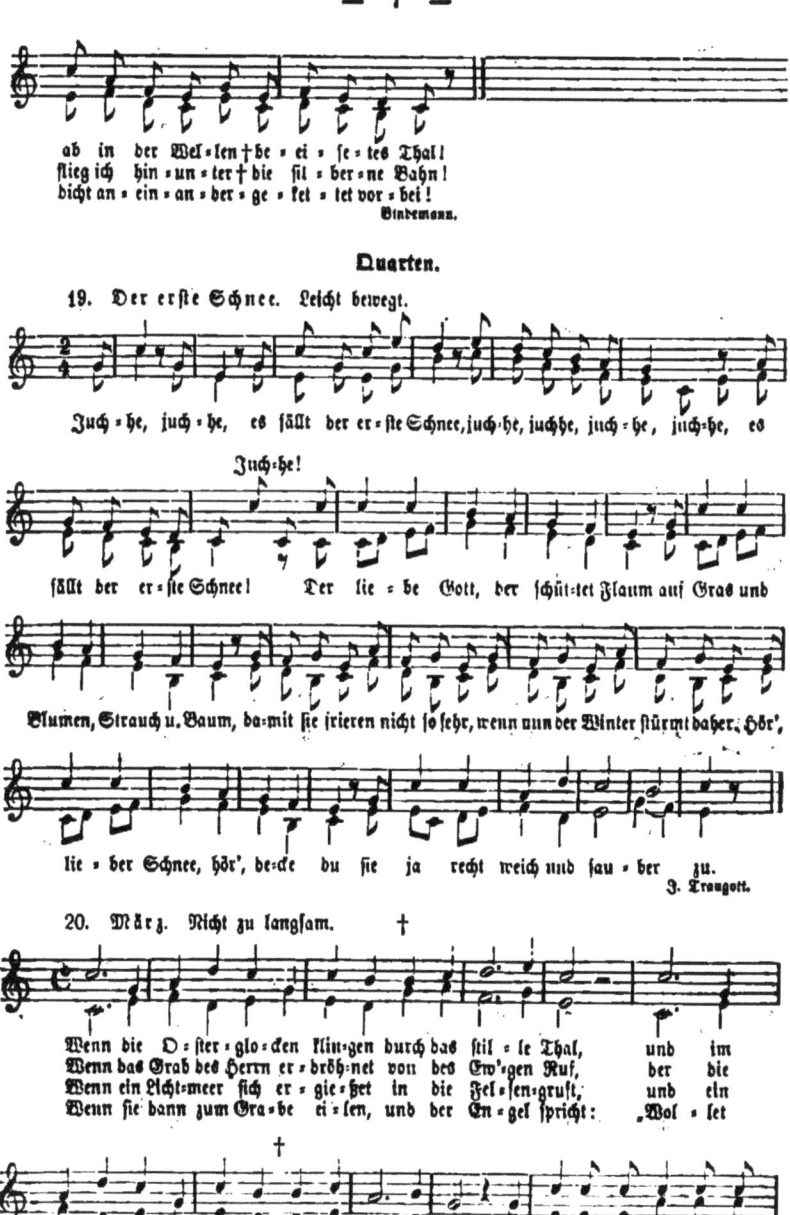

— 8 —

Wie-sen-thal Schnee-glöck-chen so sil - bern all - zu-mal; sie
Gräs-berchen auf, wo Flie-gen und Kä - fer schla-fen zu Hauf! Der
Flämmchen her-vor aus Ae-sten und Zwei-gen; — ben Wie-sen-flor be-
froh hin-aus in's gro-ße, in's herr-li-che Got-tes-haus! Der

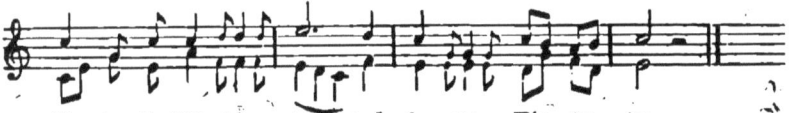

läu - ten die Blüm-lein wach nach lan-gem Win - ter - tag.
Ruf, er trifft auch ihr Ohr, sie ei - len zum Licht her - vor.
thaut der be-le-ben-de Quell, und we-cket die Gräs-erchen schnell.
Gro'-ße im Blü-then - flor zieht's liebend zu sich em - por.   R. Rohl.

21. Zur Nacht. Andächtig.

Verrauscht ist das Ge - tüm - mel, die stil - le Nacht, die stil-le Nacht bricht
Ich fal - te froh die Hän - de, ich weiß, du wachst, ich weiß, du wachst bei
In al - ler Her - zen blickst du und sen - best Trost, und sen-best Trost und

an, der Mond am ho - hen Him - mel geht schweigend, schweigend sei - ne Bahn.
mir; mein Gott und Va - ter, wen - de dein Ant - litz nie von mir, von mir!
Ruh', und trü - be Au - gen drückst du barm-her - zig im - mer, im - mer zu.
H. Riehl.

Quinten.

22. Weihnachten. Mäßig langsam.

Am A - bend vor Weih-nachten liegt's Kind in sü-ßem Traum, da steigt ein Stern-lein
Und ü - ber je - dem Hau-se, wo fromm ein Kindlein ist, da steht das Stern-lein
Sie rau-schen leicht durch's Fenster hin - ein in's Christge-mach, und von dem Stern die
Und sind all' from-me Kindlein durch sie nun ü - ber - reich, dann flie-gen durch die

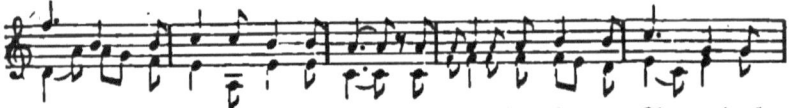

lieb - lich her - auf am Himmels - saum. Mit wun - der - ba - rem Glan - ze durch-
stil - le, und grüßt vom heil'gen Christ. Und als - bald kom - men En - gel wohl
Strah-len, die rau-schen hin-ten-nach; und zün - den an die Licht-lein am
Wol - ken sie wie-der-um so - gleich. Und keh-ren sie leer zu - rü - cke, so

strahlt's die Win-ternacht, und un-ter sei-nem Strah-le ist al-les heh-re Pracht.
von den Wol-ken her, sie tra-gen schwe-re Bün-del, von rei-chen Gaben schwer.
Weih-nachtsbaum so klar; die En-ge-lein sie brin-gen die schön-sten Gaben dar.
freut sich's Christkind-lein und sagt: „zum nächsten Christfest kehrt wie-der bei ihm ein.
R. Kohl.

Sexten.

23. Spruch. Munter.

Eines schickt sich nicht für Al - le, se-he Je-der, wie er's treibe, se-he Jeder,
wo er blei-be und wer steht, daß er nicht fal - le. Göthe.

Syncopen.

24. Die Engel. Nicht zu langsam.

Viel En-gel, viel En-gel hat Gott der Va-ter mein! Sie sin-gen Himmels-
Die En-gel, die En-gel, die sind gar fromm und gut und je-dem frommen
Die En-gel, die En-gel, die be-ten al-le-zeit für mich und al-le

lie - der, sie flie-gen auf und nie - der mit gold-nen Flü - ge - lein!
Kin - de schickt Gott aus Lieb ge-schwin-de ein En - ge-lein zur Hut!
From-men, daß wir zu ih-nen kom-men zur Him-mels-se - lig-keit.
G. Ch. Dieffenbach.

25. Freude. Nicht zu rasch.

Mir ist es wie den kleinen Waldvögelein zu Muth; sie seh'n die Bäu - me
blü-hen

blühen und freu-en sich der Bluth; und un-ter kühlen Aesten ruh'n sie im küh-len

30. Der Blinde. Langsam.

„Wer nur den lie-ben Gott läßt wal-ten und hof-fet auf ihn al - le-
Ein blin-der Mann am We-ge ste-het und bit-tet um ein Stück-lein
„Wie könnt ihr doch so fröh-lich sin-gen, o ar-mer Mann und seht doch
So spricht der Blin-de, und ge-lei-tet vom Kindlein geht er froh da-

zeit, den wird er wun - der - lich er - hal-ten in al - ler
Brod, ein Kind-lein ihm zur Sei - ten ge-het; — des Man-nes
nicht?" „Ich trau auf Gott in al - len Dingen, er ist mein
hin; und wie er durch die Nacht hin - schrei-tet, da singt er

Noth und Trau - rig - keit." — Wer ist's doch, der so fröh - lich
Aug' ist leer und todt; und den-noch klingt so froh sein
Aug und ist mein Licht. Mein Kind, wer Gott dem Höch - sten
noch mit from - mem Sinn: „ben, wel - cher sei - ne Zu - ver-

singt, daß weit - hin es durch's Thal er - klingt? —
Lied, wenn auch der ar - me Mann nicht sieht.
traut, der hat auf kei - nen Sand ge - baut.
sicht auf Gott setzt, den ver - läßt er nicht!" — G. Chr. Dieffenbach.

31. Zwei Tauben und zwei Hähne. Mäßig.

Zwei Täub-chen sah ich si - tzen da o - ben bei dem Tau-ben-haus. Wie
Zwei Häh-ne sah ich käm - pfen da un-ten bei dem Hüh-ner-haus. ganz

girr-ten sie, wie schwirr-ten sie! Es sah so zärt-lich aus. Wie schnä-bel-ten sich
stumm vor Wuth, den Kamm in Gluth; es sah ge-fähr-lich aus! Die Federn kraus, die

bei-de da, ich dach-te Wun-der, was ich sah.—Nun streut' ich ih-nen Fut-ter aus und
Au-gen roth, ich dacht: die bei-ßen sich halb-todt! — Da streut' ich ih-nen Fut-ter aus und

33. Das letzte Blatt. *Larghetto.*

Ster=bens=matt, ster=bens=matt harrt am Baum das letz = te Blatt; mit=leids=
Vol=ler Pein, vol=ler Pein blieb zu = rück es ganz al=lein; und es
To = des=hauch! To=des=hauch! Komm, ge = ben = ke mei=ner auch! Le = be
Und vom Baum, und vom Baum sinkt das Blatt, als wie im Traum, lei = se

voll der An=dern Lust und Weh be = det längst der tie = fe, tie = fe Schnee. Sterbens=
seufzt: O könnt' auch ich doch ruhn, ach, was soll ich ein=sam hier noch thun! Vol=ler
wohl, du hol=des Frühlingswehn, mag ein neu Geschlecht den Lenz dann sehn! To=des=
wie ein letz=ter O = dem=zug,—bald ver=weht's der Sturm in wil = dem Flug. Von dem

matt, ster=bens=matt harrt am Baum das letz = te Blatt.
Pein, vol=ler Pein blieb zu=rück es ganz al = lein.
hauch! To=des=hauch! Komm, ge = den = ke mei = ner auch!
Baum, von dem Baum sinkt das Blatt, als wie im Traum.   Fr. Oser.

34. Deutscher Rath. *Allegro moderato.*

Vor Al = lem Eins, mein Kind: Sei treu und wahr, laß nie die
Sprich Ja und Nein, und dreh und deut = le nicht; was du be=
Leicht schleicht die Lü = ge sich an's Herz her = an, zu = erst ein
Dann wach' und kämpf', es ist ein Feind be = reit, die Lüg' in

Lü = ge dei=nen Mund ent = weih'n! Von Al = ters her im deut=schen Vol = ke
rich = test, sa = ge kurz und schlicht, was du ge = lo = best, sei dir höch=ste
Zwerg, ein Rie = se hin = ten nach, doch dein Ge = wis = sen zeigt den Feind dir
dir, sie dro=het dir Ge = fahr. Kind, Deut=sche kämpf=ten ta = pfer al = le=

war der höch = ste Ruhm, ge = treu und wahr zu sein.
Pflicht, dein Wort sei hei = lig, drum ver=schwend es nicht!
an, und ei = ne Stim = me ruft in dir: „Sei wach!"
zeit, du deutsches Kind, sei ta=pfer, treu und wahr!   R. Reinid.

— 15 —

35. Vorbei der Kampf. *Andante.*

Vor = bei der Kampf, be=hal=ten ist das Feld; ge = lobt sei Gott, mit
Vor = bei der Sturm, im Ha=fen liegt das Schiff; ge = lobt sei Gott, der's
Vor = bei das Leid, zum Se=gen ward's al = lein; ge = lobt sei Gott, der's

dem der Sieg ge = lungen! Nun un = ter trau = tem Zelt, in mil = der
lenk = te durch die Wogen! Nun fern dem To = des = riff, in stol = zer
lie = bend hat ge = sendet! Nun, wiegt's nicht auf die Pein, nicht auf sie

Dun = kel = heit, laß ein=ziehn, Herz, der Er=de leis entschwun=gen, der
Si = cher = heit, laß ein=ziehn, Herz, zum Himmel sanft ge = zo = gen, der
him = mel = weit, dein Klei=nod, Herz, nach allem Gram ge = spen = det; der

Weh=muth sü = ße, stil = le Se = lig = keit!
Weh=muth sü = ße, stil = le Se = lig = keit!
Weh=muth sü = ße, stil = le Se = lig = keit? Fr. Ofer.

36. An den Maienwind. *Allegretto.*

Mai=en=wind! Halt, halt,
Mai=en=wind! Halt, halt, halt! nicht so ge=schwind! Nimmst ja
                                                    Fliehn ja

2. und die
1. wirfst mir

al = le Blüthen mir weg, daß es schnel=let auf Weg und Steg,
al = le Vög=lein vor Schreck tief in den Wald in's sich = re Versted,

38. **Der Lerche Morgenlied.** *Allegro maestoso.*